KB260114

사랑하는 내 딸 서영이에게

리더십 특강

리더십 특강

이종호

LEADERSHIP

지식공감

땅의 끝자락에 빛으로 이끄는
등대가 없다면
바다에서 많은 배들은
길을 잃을 것이다.

우리는 저마다 역할과 환경이 다를 뿐, 한번 주어진 삶 속에서 자신을 이끌고 변화를 유도하는 큰 책임을 가지고 있는 리더들이다. 세상에는 리더라 불리는 사람은 많지만, 아쉽게도 진정한 리더십을 찾기는 힘들다. 대기업의 총수, 임원, 정부 고위 관리직, 국회의원 등. 직함은 직함일 뿐이다. 리더십과는 분명히 다르다.

오늘도 우리는 사리사욕을 채우기 바쁘고, 부정부패를 남발하는 수많은 리더들을 접하면서 많은 실망을 한다. 결국 조직과 구성원에게 상처와 아픔을 남기고 결국은 사회적으로, 국가적으로 큰 손실을 준다.

리더인척 연기하는 사람들 속에서 진정한 리더는 숨기려고 애써도 빛 같은 존재로 다가온다. 순수함이 여과 없이 드러나고, 삶에 대한 깊고 진지한 고민의 흔적이 가득하다.

　사람들은 함께 있을 때 가슴 벅찬 감동과 기쁨을 느끼고 인간적인 그의 매력에 사로잡힌다. 그는 단 한 순간도 자신의 사명을 잊지 않고 밝고 현명한 빛을 발하며 세상을 좀 더 아름다운 곳으로 만들어 나간다. 세상과 인류의 부름에 주저 없이 달려가 온 힘을 다하는 것이다. 대한민국이 진정한 리더로 넘쳐나길 바라며 그 시작점에 당신이 당당히 서 있기를 소망한다.

자신이 현재 하고 있는 일보다 더 큰 것에 걸맞는 사람이 돼라.
모든 사람이 당신이 더 많은 것을 가지고 있음을 알게 하라.
지금 쓰는 것보다 더 많은 힘을 가지고 있음을 알게 하라.
자신이 현재 있는 자리보다 더 큰 인물이 아니라면,
당신은 그 자리에 비해 너무 작은 인물이다.
– 제임스 A

Contents

제3장. 끌리는 리더는 다른 것이 있다 151

리더의 첫 번째 의무는
특별한 노력없이 자신이 사랑 받게 만드는 것이다.
어느 누구에게도, 심지어 스스로에게도 아부하지 않고
자연히 사랑 받는 것이다.
- 앙드레 말로

| 제1장 |

인생의 주인공 찾기

어떻게 살 것인가?

숨을 쉬고, 움직이고, 심장이 뛰고, 보고, 듣고, 사랑을 나누고, 피곤할 때 휴식을 취하고, 먹고, 자는 것을 산다고 말할 수 있을까? 만약 그렇다면 동물과 네가 다른 점은 무엇일까?

동물도 똑같이 숨을 쉬고, 움직이고, 심장이 뛰고, 보고, 듣고, 사랑을 나누고, 피곤할 때 휴식을 취하고, 먹고, 잔다. 무엇 때문에 인간이 동물과 다르다고 말할 수 있는가? 많은 학생들은 '생각'이라고 답한다. 인간은 생각하기에 동물과 다르다고 주장한다. 정말 그럴까? 동물은 생각을 못 하는 걸까? 동물은 정말 생각 없이 사는 걸까? 아니다. 동물도 생각을 한다. 원숭이는 도구를 사용할 줄 알고 심지어 아이패드를 가지고 노는 것을 좋아한다. 강아지도 주인이 싫어하는 어떤 행동을 했을 때 자기가 혼날 거라는 사실을 알고 눈치를 본다. 돌고래의 아이큐가 다섯 살 아이의 아이큐와 비슷하다는 사실은 이미 다 알려진 사실이다.

훈련된 동물들의 공연을 볼 때마다 감탄이 터져 나온다. 동물이 모자란 사람보다 더 사람다워 보이기도 한다. 고작 동물만큼 생각하면서 인간처럼 산다고 착각하면 안 된다. 인간은 깊이 사색하고 고민해야만 인간이다. 바다가 두려운 이유는 그 깊이가 어느 정도인지 가늠하기 어렵기 때문이 아닐까?

한번 묻고 답하고 끝내지 말고, 계속해서 묻고 답하고 또 물어보고 답하자. 10미터만 들어가 본 후 이게 다야, 이게 최선이야 라며 선을 긋지 말고 100미터 1,000미터까지 들어가 보는 것이다. 10미터 깊이의 사고는 머리 좋은 돌고래와 원숭이도 충분히 가능하다.

동물과 다르게 정말 인간답게 살기 위해서는 보여지는 외적인 성공과 성취에 초점을 두고 이름 없는 '그들'을 무작정 따라가기보다는 먼저 진정한 자기 자신을 발견해야 한다. 원숭이와 돌고래는 진정한 자기 자신을 찾기 위해 깊이 사색하고 심각하게 고민하지 않는다.

그러나 너는 인간이기 때문에 할 수 있다. 한번 주어
진 소중한 삶을 동물처럼 살고 있는지 아니면 인간답게
살고 있는지 점검해 보아라.

인간은 오직 사고의 산물일 뿐이다.
생각하는 대로 되는 법이다.
- 마하트마 간디

02

나를 찾는 긴 여정

나는 누구인가?
자기 자신이 누구인지 한번 물어보아라.

　이상한 질문으로 들리는가? 아니면 이런 질문은 철학자들이나 던지는 것이라고 생각하는가? 먹고 사는 것이 힘들고 삶에 여유가 없다고 이런 질문을 할 시간이 없었다라는 것이 정당한 변명의 여지가 되는가? 이보다 더 중요한 질문이 있는가? 내가 누구인지도 모르면서 그냥 이렇게 살아도 되는 것인가?
　모든 인간은 공평하게 단 한 번의 기회를 가지고 이 세상에 태어난다. 그리고 태어나는 순간부터 죽음을 향해 달려간다. 우리는 무한한 시간 속에 사는 것이 아니라 유한한 시간 속에 산다. 내가 누구인지 모르는 나는 무엇이고, 그런 나는 과연 어디에 있고, 어디로 가고 있는 것인가? 불안감이 갑자기 몰려오지 않는가?

내가 누구인가에 대한 답을 쉽게 찾을 수는 없다. 인생은 자기 자신을 찾아가는 긴 여정이다. 지금 당장 답이 없더라도 너무 걱정하지 마라. 그러나 끊임없이 고민하여야 한다. 내가 누구인지 깊은 고민을 한 사람과 안 한 사람의 차이는 분명히 있다. 내가 누구인지도 모르고, 깊은 고민을 하지 않는 사람은 진정한 리더가 아니다. 자기 자신에 대해 모르는 리더가 과연 진정한 리더일까?

인간이 흥미로운 것은 자신과 소통할 때 뿐이다.
스스로를 믿고 나 자신으로 살아야 한다는 것을 나는 배웠다.
– 바브라 스트라이샌드

고장 난
자동차 같은 상태

현재의 너를 점검해 보아라.

사람은 육체와 의식으로 이루어져 있다. 현재의 너를 점검해 보아라. 너의 육체에 너의 의식이 온전히 일치하여 있는가? 아니면 핸들 따로 바퀴 따로 움직이는 고장 난 자동차 같은 상태인가?

자신을 상실한 상태로 사는 사람들의 모습은 심각할 정도로 우울하다. 주변을 돌아보면 식물인간, 정신병 환자, 유령같이 사는 사람들이 상당히 많다. 육체와 의식이 하나 되지 못하고 각각 따로 논다. 의식은 밖으로 떠돌아다니고 있으며 껍데기뿐인 육체는 반성 없는 맹목적인 삶을 살아간다. 보고 듣고 느끼기보다 끊임없이 말하는 입을 가지고 남의 이야기와 험담으로 소중한 시간을 허비한다.

육체와 의식이 하나되지 못하기 때문에 비정상적인 마음의 상태로 산다. 비정상적인 마음의 상태로는 오감눈, 코, 입, 귀, 몸이 온전히 작동할리가 없다. 끊임없이 착오와 오류가 생긴다. 행복을 느끼며 즐겁게 살고 싶지만, 현실은 하루하루가 고통스럽다.

모든 시대에는, 시정해야 할 새로운 오류와
저항해야 할 새로운 편견이 존재한다.
— 사무엘 존슨

정신이 나간 사람

　　정신이 나간 사람은 정신병원에만 있는 것이 아니다. 정신이 육체와 함께 온전히 있지 않고 밖으로 나가 있는 사람은 말 그대로 '정신 나간 사람'이다.

　　철수는 현재, 몸은 공부하러 도서실에 앉아 있지만 정신은 내일 친구들과 같이 가기로 한 놀이터에 가 있다. 철수의 정신은 시간적으로는 미래에, 공간적으로는 놀이터에 가 있는 것이다. 정신이 제대로 육체를 이탈한 상태이다. 극단적으로 들릴 수 있지만 철수는 '정신이 나간 사람'이다.

　　수미의 몸은 현재 강의를 듣고 있지만 정신은 어제 남자친구와 심하게 말다툼한 백화점으로 가 있다. 교수는 리더십 이론을 큰소리로 강의하는데 수미는 아무 소리도 듣지 못한다. 귓속에 남아 맴도는 것은 오직 백화점에서 남자 친구가 자기에게 심하게 던졌던 말뿐이다. 수미의 정신은 시간적으로는 과거에, 공간적으로는 백화점에 가 있다. 수미도 '정신이 나간 사람'인 것이다.

정신 나간 사람을 찾기 위해 정신병원에 들를 필요가 없다.
우리 지구 자체가 우주의 정신병원이다.
– 요한 볼프강 폰 괴테

정신 나간 사람의 결과물

정신 나간 사람은 어떤 계획을 세울까? 정신 나간 사람은 어떤 말을 할까? 정신 나간 사람은 어떤 리포트를 쓸까? 정신 나간 사람은 어떤 꿈을 꿀까? 정신 나간 사람은 어떤 행동을 할까? 답은 매우 간단하다. 정신 나간 계획을 세우고, 정신 나간 말을 하며, 정신 나간 리포트를 작성하고, 정신 나간 꿈을 꾸며, 정신 나간 행동을 한다.

정신 나간 사람이 정신 나간 결과물을 만들어 내는 것이 당연하지 않은가? 물과 기름이 안 섞이듯 육체와 정신이 따로 논다면, 그런 네가 온전하다고 볼 수 있는가? 온전하지 못한 네가 도대체 무엇을 제대로 할 수 있을까? 실망스럽고 당황스러운 결과물 때문에 너무 놀라거나 상심하지 마라. 너의 온전치 못한 상태가 솔직하게 반영된 결과물일테니 말이다.

　결과는 거짓말하지 않는다. 결과에 대한 변명과 합리화는 너를 비굴하게 만드는 주범이다. 밖으로 떠돌아다니는 의식을 안으로 들여와 꼭 붙들어야 한다. 너의 모든 행동에 의식을 실어야 한다. 정신 나간 사람의 결과물은 언제나 초라하고 볼품없다.

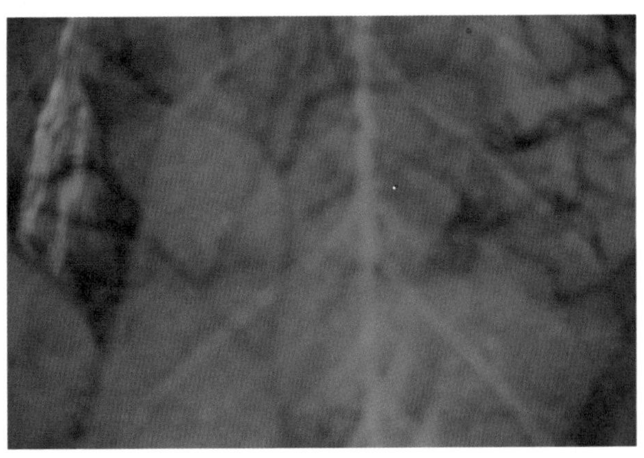

불안함과 고통스러움의 근본

지금이 왜 중요한가?

네가 존재하는 시간은 과거도 미래도 아닌 바로 지금이다. 너에게 주어진 바로 이 순간만이 네가 누릴 수 있는 유일한 시간인 것이다. 시간은 끊임없이 흐른다. 네가 서 있는 지금도 끊임없이 과거로 지나가고 있고 또한 미래도 어김없이 찾아오고 있다. 그렇기에 바로 지금 이 순간이 과거이자 미래이다.

지나간 과거 속에서 감옥살이를 하는 사람들이 있다. 과거의 어떠한 인물이나 사건으로 인하여 지금 현재를 소중히 여기지 못하고 무의미하게 과거로 만들어 버리며 허송세월을 보낸다. 몸은 지금 현재 존재하고 있음에도 불구하고 의식은 과거 속에서 빠져나오지 못하는 것이다. 어떤 사람은 다가오지 않은 미래를 불안해한다. 몸은 현재 존재하고 있음에도 불구하고 의식은 미래에 먼저 가 있는 것이다. 이것은 과거를 토대로 발전을 한다거나 미래를 구상하고 준비하는 것과는 근본적으로 다르다. 너를 불안하게 하고 고통스럽게 하는 것은 다름이 아닌 의식이 육체와 함께하지 않고 과거나 미래로 떠돌아다니기 때문이다.

왜 이름 없는 '그들'과 같은 방식으로 살아가려고 하는가?

세상은 정말 복잡하고 정신없이 돌아간다. 잠들어 있는 순간에도 말이다. TV나 라디오를 켜 보면 쉽게 알 수 있다. 어제 당연시되던 일들이 오늘은 당연하지 않다. 세상은 단 1초도 멈추어 서 있지 않다. 그런 세상 속에 살고 있는 우리의 삶 또한 복잡하고 정신없이 돌아간다. 신경 써서 해결해야 할 일들이 하나둘이 아니다. 일상생활에서 발생되는 문제들 또한 수없이 많다.

이런 세상 안에서 별다른 생각 없이 사회의 구성원이 되거나 이름 없는 '그들'이 된다. 이름 없는 '그들'이 가장 중요하고 소중하다는 것들을 무작정 따라간다. 성공, 권력, 돈, 명예 등을 말이다. 일상의 복잡하고 바쁜 생활들이 너의 관심을 완전히 흡수해 진정으로 중요한 너와 너의 삶에 대한 깊은 성찰을 방해하고 있진 않나 수시로 점검해야 한다. 다른 사람들과 함께 있으면서 '그들'과 다를까 봐 염려하는 사람은 진정한 리더가 아니다. 진정한 리더는 다르다고 '그들'과 함께 어울리지 못할까 봐 마음 졸이지 않는다. 사람들과 거리를 좁히면 좀 더 친밀감을 느낄 수 있을 거라고 생각하지도 않는다. 왜 이름 없는 '그들'과 같은 방식으로 살아가려고 하는가? 자기 자신의 결정에 따라 행동하는 것이 아니라 소신도 없이 남들이 하는 것을 따라하는 것은 이름 없는 '그들'의 지배를 받고 있다고 볼 수 있다. 유행을 따르고 대중매체를 여과 없이 접하며 '그들'의 생활방식과 자기 자신의 생활방식을 비교하며 편안함을 느낀다.

하이데거의 말처럼 세상은 잡담과 호기심, 그리고 모호함으로 넘쳐난다. 이런 세상 속에서 네가 가장 소중하다고 여기는 것은 무엇이며 너의 관심사는 무엇인가? 네가 가장 가치 있다고 여기는 것은 무엇인가? 너의 눈과 귀는 어디를 향해 있는가? 공허한 자기 자신과 마주치기 싫어 일생을 헛것에 몰두하며 뛰어다니는 모습은 진정한 리더가 가져야 할 모습이 아니다. 지금부터 가식을 버리고 용기 있게 너와 만나라.

멋진 삶을 살아라

상황 탓, 다른 사람들 탓으로 너의 책임을 회피하지 말고 지금 현재에 충실하여라. 현재만이, 지금 이 순간 만이 너에게 주어진 유일한 시간이다. 낭비하기엔 너무 소중한 시간이다. 자기 목적성을 뚜렷하게 갖도록 하여라. 자기 목적성이란 일 자체가 좋아서 할 때 그 일을 경험하는 것 자체가 목적이 되는 것을 말하는데, 원하는 일을 하는 것 자체가 이미 보상이 되기 때문에 외부적 보상이 없어도 무방하게 된다.

자율적이고 독립적으로 존재하여라. 외부의 보상이나 위협에 의해 쉽게 흔들리지 말아라. 눈앞의 이익만 생각하지 말고 네가 좋아서 하는 일에 많은 시간을 투자하여라. 너를 풍요롭게 만드는 일에만 관심을 쏟아라. 아

무리 사소한 일이라도 건성으로 임하지 말고 정신을 집
중하여 처리하는 습관이 몸에 익히도록 노력하여라.
　매 순간, 그때그때마다 너의 결단과 선택에 의한 주체
적인 삶을 살아 운명을 개척해 가거라. 이렇게 사는 것
이 멋진 삶을 사는 것 아닐까? 너는 좋은 생각을 많이
가지고 있다. 생각이 떠오를 때 그 생각을 붙잡아 실행
에 옮겨 너의 삶으로 만들어 나가라. 원하던 미래는 어
느덧 멋진 현실로 바뀔 것이다.

보이지 않는다고
별이 없어진 것은 아니다

비바람이 몰아치는 밤. 별을 보기 위해 하늘을 쳐다본다. 별이 보이는가? 안 보인다. 안 보이지만 별은 반드시 존재한다. 구름에 가려 안 보일 뿐이다.

살다 보면 어렵고 힘든 일이 찾아온다. 좌절도 하게 될 것이고, 실패도 경험할 것이며, 남과 비교당하며 넘어지기도 하고, 자기 자신이 초라하고 볼품없이 느껴지기도 할 것이다.

구름에 가려 보이지 않는다고 별이 없어진 것은 아니다. 태어나서 지금까지 이미 넌 별처럼 반짝이는 눈부신 존재였고, 그런 존재이고, 계속 그런 존재로 존재할 것이다. 이 세상에서 가장 소중하고 찬란히 빛나는 존재는 바로 너다.

10

세상에 하나뿐인 너를
왜 타인과 비교하는가?

　절대로 너 자신을 남과 비교하지 마라. 이 세상에서 가장 소중하고 존귀한 존재는 바로 너다. 너에게 부족한 것이 있다고 너 자신을 깔보거나 무시하지 마라. 너의 능력을 함부로 과소평가하여 어떤 일들을 시도해 보지도 않고 포기해 버리는 일이 없도록 하여라. 남과 비교하는 순간 초라함이 밀물처럼 몰려온다. 감사의 마음보다는 불평이 쌓인다. 삶을 바꿀 수 있는 힘은 이미 네 안에 가득하다.

　마음이 평안하기 위해서는 남과 비교하는 마음을 버려야 한다. 네가 가지고 있는 모든 바람, 욕망, 질투, 기대도 비교하는 마음에서 나온다. 지금 이 순간 온전히 너 자신으로만 존재한다면 거기에 그 어떤 비교도 붙을 수 없다. 남보다 더 잘나지 않아도 된다. 남보다 더 아름답지 않아도 된다. 남보다 더 부자가 아니라도 괜찮다. 남과 비교하며 살지 마라.

　진정한 행복은 남과의 비교 없이 절대적인 행복이다. 너 밖의 다른 대상과 기준 없이 스스로 행복할 수 있어야 한다. 너 자신만으로 충분히 평화로울 수 없다면 그것은 진정한 행복이 아니다. 김태희를 닮을 필요도 없고 박근혜 대통령같이 되려고 애쓸 것도 없으며, 워렌 버핏을 부러워할 것도 없다. 세상에 단 하나뿐인 존귀한 너를 왜 타인과 비교하는가?

　저마다 가야 할 길이 따로 있고 해야 할 일이 따로 있다. 친한 친구도, 너를 길러준 부모도, 너의 배우자도, 토끼 같은 너의 자식도 너의 최종 목적지에 같이 갈 수가 없다. 네가 너 다울 때, 너만의 삶을 살고 있을 때 가장 행복하다는 사실을 잊지 마라.

11

모차르트와 살리에르

영화 '아마데우스'를 본 적이 있다. 영화 속 인물 중 살리에르는 어린 시절부터 음악과는 거리가 먼 환경에서 자랐고 타고난 음악적 천재성도 없었다. 오로지 본인의 강한 의지와 노력만으로 음악을 대할 수밖에 없었다.

그가 모차르트에게 가지고 있던 피해의식, 불안, 불평, 불만, 미움 등은 어디서부터 왔을까? 그의 의식과 육체는 일치되지 못하였다. 남에게 잘 보이고 인정받고 싶은 마음이 가득했다. 모차르트와는 반대로 살리에르는 남을 의식하고 남과 비교하는 삶을 살았다. 그 결과 자신감과는 멀어졌고 초라한 자기의 모습에 항상 괴로워했으며 상대와 환경을 있는 그대로 보지 못하고 왜곡해서 받아드렸다. 즉 인정하고 존중하는 올바른 인간관계가 성립될 수 없었던 것이다.

만약 살리에르가 본인의 육체 속에 들어와 지배했던 모차르트의 의식을 과감히 버렸더라면 그의 인생은 결코 불행하지만은 않았을 것이다. 자기가 가지고 있는 모든 것들에 대한 감사함과 소중함은 자기 자신을 온전히 사랑함으로부터 시작됨을 기억해라.

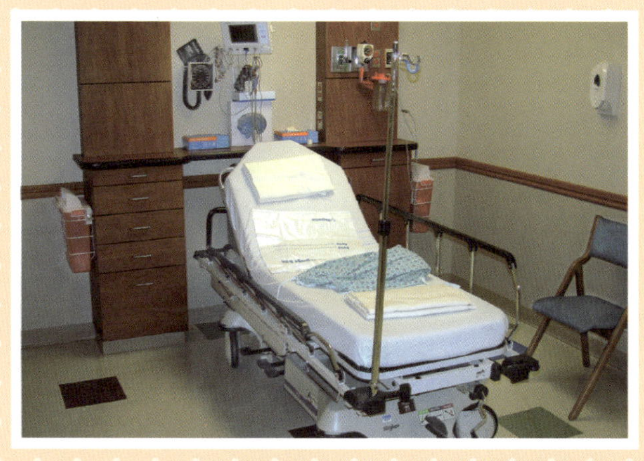

어떤 사람들만 의지가 있고
다른 사람들은 의지가 없는 게 아니다.
변화할 준비가 된 사람과 그렇지 않은 사람이 있을 뿐이다.
– 제임스 고든

12

병실에 누워있는 식물인간

너의 몸은 하나뿐이다.

아메바처럼 몸이 분리되어 수를 증가시켜 이곳에도 있고 저곳에도 있을 수가 없다. 네가 있을 수 있는 곳은 단 한 자리. 네가 서 있는 그곳이 바로 그 한 자리이다.

눈을 감고 앉아 있어 보면 너의 의식이 이곳저곳으로 떠돌아다니는 것을 알 수 있을 것이다. 지금 너의 몸은 강의실에 있는데 마음은 어디에 가 있는가? 방학 중 계획했던 영어 학원에 가 있진 않는가? 가족과 함께 피서지로 가 있진 않는가? 교회에, 봉사 활동하는 곳에, 비디오방에, 놀이동산에, 아니면 네가 동경하고 바라는 그곳에 혹시 가 있진 않는가?

몸만 여기 있고 마음은 딴 곳에 가 있는 사람이 과연 무엇을 온전히 할 수 있을까? 고난도의 집중과 기술을 요하는 수술실에서 의사가 집에 두고 온 강아지 걱정을 하고 있다면 넌 그 의사에게 몸을 맡기고 안심할 수 있을까? 비행기의 기장이 조종간을 잡고는 있지만 그의 마음이 수술실에서 수술을 받고 있는 어린 아들에게 가 있다면 비행 중 너의 마음은 어떨까? 여행지에서 너의 몸과 마음이 일치하며 함께 그곳에 있지 않다면 과연 무엇을 보고, 듣고, 느낄 수 있을까? 눈앞에 펼쳐진 멋진 광경들, 오랜 역사를 간직한 문화유적들. 네가 보고 있다고 정말 보는 걸까? 길거리에서 이름 없는 연주가의 낭만적인 멜로디가 네가 듣고 있다고 정말 듣는 걸까? 오스트리아의 옛길을 거닐 때 네 코로 들어오는 비와 커피 냄새. 네가 냄새 맡고 있다고 그 향기를 정말 맡는 걸까? 같이 여행하는 동행자들은 너의 '몸은 있지만 마음은 그곳에 없음'을 느낄 때 어떤 생각이 들까? 물과 기름처럼 육체와 의식이 안 섞이는 상태의 사람과 각종 의료기기에 몸을 의지하며 병실에 누워있는 식물인간이랑 다른 점이 무엇인가?

13#

생존의 방식

　지금 서 있는 곳이 아닌 다른 곳을 동경하고 부러워하는 사람은 원하는 그곳으로 가게 되더라도 또 다른 곳을 동경한다. 역사가 이루어지는 곳은 지금 그 자리다. 지금 서 있는 곳에 몸과 마음을 함께 두어야 한다. 그렇지 않으면 감사함은 절대 느낄 수 없다. 지금 서 있는 곳에서 승부를 걸어야지 다른 곳에서는 경기를 치를 수 없다.

　파바로티는 세계 최고의 테너이다. 조수미는 세계적인 소프라노이다. 마이클 조던은 세계적인 농구선수이고, 타이거 우즈는 세계적인 골프선수이며, 김연아는 세계적인 피겨스케이팅선수이다. 이들은 자기보다 다른 사람은 무엇을 더 잘하는지에 대해 관심이 없다. 김연아 선수는 유명한 화가가 되기 위해 노력하지 않는다. 그래서 누군가가 자기보다 그림을 더 잘 그린다고 하더라도 전혀 열등감 같은 것을 느끼지 않는다. 그들은 지금 잘하는 것을 더 잘하기 위해 계속 피땀 흘리며 노력할 뿐이다. 그들은 자기가 있는 곳에서 승부를 거는 사람들이다. 그들은 다른 곳을 동경하지도 부러워하지도 않는다. 그들은 자기가 서 있는 자리가 얼마나 귀중한지 아는 사람들이다. 그들은 그렇기에 세계 최고인 것이다.

주변을 한 번 돌아보아라. 자기가 있어야 할 자리에 빠짐없이 모든 게 놓여 있다. 형광등은 형광등대로, 책상은 책상대로, 서랍 속의 일기장은 일기장대로 자기의 자리를 잘 지키고 있다. 그 자리가 높은 자리든 낮은 자리든, 빛나는 자리든 빛이 나지 않는 자리든 지금 자기가 발 딛고 선 자리, 그 자리가 이 세상에서 가장 중요한 자리라는 생각, 바로 그 생각이 이 세상을 지탱시키는 버팀목이 된다. 여름날 산과 들이 온통 푸르름으로 가득차게 되는 까닭은, 아주 작은 풀잎 하나, 아주 작은 나뭇잎 한 장의 푸르름이 있기 때문이다.

네가 무인도에 있다고 가정해 보자. 육지와 비교하면 당연히 무인도의 환경은 열악하고 척박할 것이다. 그렇다고 마냥 육지만 동경하면 어떻게 될까? 마실 물과 먹을 것이 부족하고, 불편한 점도 많지만 너는 그 무인도에서 살아남아야 한다. 먹고 마실 것을 절실히 찾아야 한다. 생존을 위해서 그곳에 있는 모든 것들을 활용하고 이용해야 한다.

네가 서 있는 자리를 귀하고 소중히 여겨야 한다.
그래야 살 수 있다.

누군가를 신뢰하면 그들도 너를 진심으로 대할 것이다.
누군가를 훌륭한 사람으로 대하면,
그들도 너에게 훌륭한 모습을 보여줄 것이다.
– 랄프 왈도 에머슨

14#

　네 삶의 주인공은 누구라고 생각하는가? 사랑하는 사람? 부모님? 친한 친구? 네 삶 속에 등장하는 많은 사람들이 있다. 인생은 만남으로 이루어져 있다. 만남과 헤어짐의 연속이다. 새로운 사람들을 만나고 소통을 통해 그들과 관계를 맺으며 살아간다. 네 삶의 주인공은 바로 너다. 네 삶의 이야기는 너에 의하여 쓰여진다. 네 삶 자체가 하나의 멋진 작품인 거다. 무궁무진한 창의력을 바탕으로 주체적이고 능동적으로 걸작을 만들어 나가라.

　조연이나 구경꾼, 아니면 엑스트라로 살기엔 한번 사는 인생이 너무나 아쉽다. 정말 원하고 바라는 삶을 살아가면 그게 성공이고 행복이다. 그 자체로 이미 너무 아름다운 이야기인 것이다. 다른 사람이나 환경에 끌려 다니면 절대로 행복할 수 없다. 리더는 다른 사람을 이끌기 전에 자기 자신을 먼저 이끄는 사람이다. 자신이 이끌려 다니는데 어떻게 리더라고 말할 수 있는가? 네가 원하고 바라는 일들을 너의 의지와 판단에 의해 선택하고, 계획하고, 실천해야 한다. 네가 선택할 수 없는 상황일지라도 그것을 대하는 너의 태도는 네가 선택할 수 있다. 세상을 바꾸는 주인공은 바로 너다. 소명감을 가지고 네가 맡은 일을 해라. 네가 하는 모든 일들이 세상에 기여하고 있음을 인식하여라. 네 삶에 조연이 아니라 주연으로 살아라.

당신이 인생의 주인공이기 때문이다.
그 사실을 잊지 마라.
지금까지 당신이 만들어 온 선택으로
지금의 당신이 있는 것이다.
– 바바라 홀

15#

당장 조수석에서 나와 핸들을 잡아라

    주도적으로 살아야 한다. 네가 삶을 이끌고 나가야 한다. 그러나 현실은 어떤가? 떠 주는 음식을 쉽게 받아 먹는데에만 익숙하다. 숟가락질도 잘 못한다. 상대방의 결정에 따르는 것에 익숙하다. 부모님, 친구, 선생님들이 나 대신 인생의 중요한 결정을 내려준다. 어느 대학을 가야 하는지, 어떤 공부를 해야 하는지, 무슨 직업을 가져야 하는지, 어떤 꿈을 갖고 어떤 생각을 해야 하는지, 무엇이 옳고 그른지, 심지어는 어떤 배우자를 만나 결혼해야 하는지까지 말이다. 너의 삶을 남들이 간섭하고 너의 주권을 아무렇지 않게 침해하는 것을 순순히 허락해서는 안 된다. 홀로 결정하고 선택하기에 너무 불안해서 그런가? 꼭 누군가에게 확인을 받고,

또 받아야 하는가? 왜 이리도 불안해하나? 오직 너만이 해 나가야 할 숙제를 하지 않고 남의 생각과 의견으로 숙제를 대체 하려 하기에 불안한 것은 아닐까? 네가 가야 할 길을 남들이 제시해 주길 바라지 마라. 남들이 가본 길만 따라가려고 애쓰지 마라. 지시를 받고 명령에 따르는 것이 홀로 결정하고 선택하는 것보다 훨씬 쉽고 편하다고 남에게 끌려다니지 마라. 남의 생각을 쉽게 너의 생각으로 삼지 마라. 남의 철학을 고민 없이 너의 철학으로 삼지 마라. 삶은 깊은 사고와 성찰에서 나온 너만의 생각과 철학으로 살아야 한다. 그렇지 않다면 넌 조종되는 꼭두각시이며 조직의 부속품일 뿐이다. 아무 생각 없이 남들이 가고자 하는 길을 무의미하게 따라가서는 네 삶의 주인으로 살아갈 수 없다.

네가 가야 할 길은 오로지 너만의 결정으로, 너의 방식대로, 너의 속도대로 가면 된다. 어차피 나와 너의 가는 길은 다르다. 옆 사람이 어디를 가는지, 얼마나 빨리 가는지 기웃거릴 필요가 없다. 묵묵히 너의 목적지를 향해 나아가라. 삶이라는 멋진 스포츠카를 선물 받았는데 운전석에 앉아 즐거운 드라이빙을 즐겨야 하지 않을까? 당장 조수석에서 나와 핸들을 잡아라.

Small 499.95 dkk.
Large 799.95 dkk.

16

시간을 너에게 돌려줘

너에게 요구되는 다양한 역할들이 있다. 집에서는 부모님의 딸, 할머니 할아버지의 손주, 사촌 동생의 언니, 작은아버지 어머니의 조카, 직장에서는 상사, 동료, 부하, 그밖에 친구, 멘토, 선배, 후배 등의 역할이 있다. 그러다 보니 어쩔 수 없이 주어진 시간을 네가 원하는 뜻과 다른 방향으로 쓰게 된다.

너에게 요구되는 기대를 충족시키기 위해, 맡은 바 임무를 충실히 수행하기 위해 정신없이 뛴다. 그러나 이럴수록 삶에 여유가 없어지고, 불만이 생긴다.

"난 시간이 부족해."

항상 이런 말을 습관처럼 하며 살게 된다.

너에게 주어진 소중한 삶을 도대체 누구를 위해 사는 건가? 회사를 위해 인생을 바쳐야 하는 건가? 돈을 위해 정말 소중한 것을 희생해야 하는가? 시간은 무한정 주어지지 않는다. 언제 삶이 끝나는지도 모른다. 유한한 시간 속에서 너에게 정말 소중하고 의미 있는 것이 무엇인지 깊이 생각하고 그것에 오롯이 집중하여야 한다. 하루 이십사 시간을 너만을 위한 시간으로 써야 한다. 다른 사람에게만 할애하던 시간을 너에게 돌려주어라. 네가 좋아하고 의미 있다고 생각하는 것들을 이루기 위한 도구로 시간을 지배하라.

번듯한 직장을 다닌다고, 어느 정도 연봉을 받는다고, 직급이 높다고 너의 삶이 성공적이라고 생각하지 마라. 성공이란 그러한 것들로 그렇게 쉽게 정의 내려질 수 없다. 하루하루 자신에게 소중하고 의미 있는 것들에 많은 시간을 투자하고 집중하는 삶. 그러한 삶 속에서 행복을 찾고 기쁨을 느끼는 삶이 진정한 성공 아닐까? 큰 기계의 한 부속품처럼 살다 교체되기엔, 남 좋은 일만 하며 살기엔 네 삶은 너무나 소중하다.

17

방향의 종지부

　어떤 질문을 하며 살고 있는가? 하루에도 수백 가지의 질문을 던지며 살아간다. 짬뽕을 시킬까 아니면 자장면을 시킬까? 어떻게 하면 살을 뺄 수 있을까? 서점에서 무슨 책을 살까? 이번 여름엔 어디로 놀러 갈까? 언제까지 현재 근무하고 있는 직장에 다녀야 할까? 무슨 영화를 볼까? 다음 자동차는 무엇으로 살까? 자기계발을 위해 무엇을 해야 할까? 어느 학교로 진학해야 할까? 우산을 가지고 갈까 말까? 미래에 무엇을 하며 먹고 살아야 하나? 지금 네 머릿속에 가지고 있는 질문들이 네 삶의 방향을 정한다. 네가 진실로 사랑하는 것은 무엇인가? 너의 마음을 벅차게 하고 기쁘게 하는 것은 무엇인가? 너는 무엇에 몰입할 때 가장 행복한가?

인생의 의미를 알기 위해서 너는 지금 어떠한 질문들을 던져야 하는가?

인생을 살면서 방황을 안 해 본 사람은 단 한 명도 없을 것이다. 방황이란 제대로 길을 잃어버려 어디가 동쪽이고 어디가 서쪽인지 파악도 못 한 채 불안에 떨며 표류하는 것이다. 이런 순간을 맞이하게 되면 너에게 죽지 않고 살아 있어야 하는 분명한 이유가 무엇인지 물어보아라. 그에 대한 답은 너에게 나침반과 북극성이 되어 너의 방황에 종지부를 찍게 도와줄 것이다.

자신의 본질이 뚜렷하면 뚜렷해질수록 모든 사물과 세상이 선명해질 것이다. 마술처럼 말이다. 너에게 많은 관심을 가지고, 깊고 진솔한 질문을 던지며 너를 알아가거라. 깊은 질문을 던지고 깊은 답을 찾기 위해 깊은 성찰을 하여라. 너의 삶에 무게가 더욱 실릴 것이다.

시간을 도구로 사용할 뿐,
시간에 의존해서는 안 된다.
시간을 활용하고,
시간이 지나면 저절로 해결될 거라 생각지 마라.
– 존 F. 케네디

뜻을 세운다는 것은 목표를 선택하고,
그 목표에 도달할 행동과정을 결정하고,
그 목표에 도달할 때까지 결정한 행동을 계속하는 것이다.
중요한 것은 행동이다.
– 마이클 핸슨

18#

너는 왜 사니?

다람쥐 쳇바퀴 돌듯 아침에 일어나 아침 먹고, 출근하고, 오전 업무를 보고, 점심 먹고, 오후 업무를 보고, 퇴근을 하고, 저녁 먹고, TV를 보다 씻고, 잠자리에 드는 삶.

어떠한 이는 일상이라 보지만 어떠한 이는 목적 없는 삶이라 본다. 한번 사는 인생을 어떻게 살아야 하는지, 내가 사는 목적이 무엇인지 깊이 생각해 보아야 한다. 만약 누군가 "너는 왜 사니?"라고 물어봤을 때 이유를 분명히 말할 수 있으면 어떻게 살아야 하는지가 명확해진다. 삶이 어렵고 힘들 때 목적은 나침반 역할을 한다. 주어진 인생의 의미는 모든 것을 견디게 해 주는 힘이 된다.

인간은 인생의 방향을 결정할 규칙을 가지고 있어야 한다.

– 존 웨인

어떤 모습으로 존재할 것인가?

인생을 살다 보면 수많은 갈림길이 네 앞에 다가올 것이다. 화려하고 아름다운 나비는 애벌레의 상태를 반드시 거쳐야 한다. 그렇지만 나비는 스스로 선택하고 결정하여 애벌레냐, 나비냐를 결단하지 못한다.

그러나 너는 다르다. 너의 선택과 결단에 따라 애벌레로 머물 수도 있고 나비가 될 수도 있다. 너에게는 인간으로서 어떤 모습으로 존재할 것인지 결단하고 스스로 개척해 나가야 할 큰 숙제가 주어졌다. 멋진 인생을 위해 어떤 모습의 너로 존재할 것인지를 심각하게 고민하고 결단하여라.

인생 대본의 작가는 바로 너

스키마란, 행동에 강한 영향을 미치는, 매우 깊이 자리 잡힌 믿음이다. 스키마는 삶에 대한 기초적이고 필수적인 규칙을 포함하고 우리 자신과 타인, 세상에 대해 가장 깊게 자리 잡은 믿음들이다. 스키마 속의 믿음은 배우에게 주어지는 대본처럼 우리의 인생 대본을 구성한다. 삶이라는 연극에서 어떻게 살아야 하는지를 말해 주는 것이다. 이 대본은 긍정적 믿음과 부정적 믿음 모두를 가지고 있는데 살면서 중요한 것은 너의 인생 대본에서 부정적 스키마를 구별해 내고, 건강하고 행복을 증진시키는 믿음에 대한 긍정적 믿음으로 가득찬 인생 대본을 써내려 가는 것이다.

너에게 중요한 인생 영역에서 행복감과 성취를 방해

하는 자기 파괴적이고 화나게 만드는 목록들을 열거한
후 모든 건강하지 못한 핵심 믿음들에 직접적으로 도전
하고 그 믿음들을 대체할 만족감에 대한 새로운 인생
대본을 써 보아라. 그다음 새로운 인생 대본을 시험해
보거나 그에 따라서 행동해 보고, 너의 인생의 행복과
성공 수준에 어떤 변화가 있는지를 꼭 확인해 보아라.
너의 인생 대본의 작가는 바로 너임을 인식하고 만족할
때까지 수정하도록 하여라.

사람은 일을 마무리하지 않고 이 땅을 떠나서는 안 된다.
매일 아침 스스로에게 이륙할 준비가 되었는지 물어야 한다.
– 다이앤 프롤로브

21

주머니가 없는 수의

　임종체험을 통해 태어나서 처음으로 수의를 입어 보았다. 그런데 일반 옷과는 다르게 주머니가 없는 것을 발견하였다. 죽으면 동전 하나도 못 가져간다던 말이 이해되는 순간이었다. 죽으면 가지고 갈 수 있는 것이 하나도 없다. 집착하고 더 가지려고 노력했던 모든 것이 죽음 앞에서는 의미가 없다는 것을 깨달았다. 이 공허함, 당황스러움……, 소중하고 가치 있는 것을 위해 살기에도 시간이 부족하다. 죽음을 피해 가는 사람은 아무도 없다. 태어나자마자 죽음으로 향해 달려가는 인간은 유한한 시간 속에서 한번 주어진 고귀한 삶을 각자 살아간다. 삶이란 죽음에 의해 완결되며, 죽음을 직면해서만 우리는 삶의 의미를 성찰할 수 있다.

시간은 인간이 쓸 수 있는 가장 값진 것이다.

－ 테오프라스토스

인간은 죽기에 위대하다

　죽음이란 무엇이며 어떤 의미가 있는가? 간단한 사전적 정의로서 죽음이란, 생물의 생명이 없어지거나 끊어지는 현상을 말한다.

　우리는 대중매체를 통해서, 주위 사람들을 통해서 누군가가 죽었다는 말을 자주 접한다. 끊임없이 들려오는 죽음 소식을 들을 때 어떤 생각이 드는가? 죽는다는 것은 우리와 관계없는 사람들에게만 해당되는 문제는 아니다. 살다 보면 친했던 사람이 죽었다는 소식도 종종 듣는다. 가족이나 친구 등 잘 아는 사람의 죽음을 겪기도 한다. 그럼에도 불구하고 죽음을 죽은 사람의 일로만 생각한다. 우리 모두 그렇게 죽을 수 있는데도 말이다.

천년만년 사는 사람은 단 한 명도 없다. 죽음은 공평하게 모든 이들에게 찾아온다. 아무런 예고 없이 말이다. 당장 1초 뒤에 무슨 일이 벌어질지 예측할 수 없다. 그렇기에 지금 살고 있는 이 순간이 너무나 소중한 것이다. 살아 숨 쉬고 있다는 것 자체가 너무 감사한 일인 것이다. 네가 몇 시간 뒤에 죽는다고 가정해 보아라. 남은 시간 동안 무엇을 할 것인가? 지금 네가 하던 일을 계속 할 것인가? 매일 오늘이 마지막인 것처럼 산다면 너의 삶은 변혁된다. 가치 있는 것이 선명히 보이기 시작하고, 불평이 감사로 변하게 되고, 좁은 마음은 관대해지며, 허송세월 보낼 시간이 너에겐 없다는 것을 절실히 깨달아 어렵기만 하던 시간 관리가 자연스럽게 이루어진다. 인간은 죽기에 위대해질 수 있다.

23

현재는 과거이고 미래이다

세상일이란 알 수 없는 것이다. 그러나 돌이켜 보면 분명 한두 가지가 있다. 과거는 지나간 것이고 미래는 아직 오지 않았다는 것이다. 그러므로 지나간 과거사로 현재를 망칠 필요가 없고, 오지 않은 미래 때문에 지금 고통받을 필요가 없는 것이다. 중요한 것은 현재다.

오늘, 지금, 현재를 즐기지 못하면서 내일만 생각하며 살지 마라. 고등학교 때는 빨리 대학생이 되고 싶어 하고, 대학생이 되어선 빨리 취직하여 사회생활을 하고 싶어 한다. 사회생활 땐 빨리 은퇴하여 여유롭게 노후를 보내고 싶어 한다. 지금을 미래를 위해 희생해야 하는 시간쯤으로 여기기도 한다. 지금을 즐기지 못하는 사람이 어떻게 나중에 즐길 수 있을까? 즐겨야 할 시간은 바로 지금뿐. 현재를 즐겨야 한다. 지금 즐겨야 하는 것을 나중으로 미뤄선 안 된다. 나중이 오지 않을 수 있기 때문이다.

과거에 얽매여 헤어 나오지 못하는 사람도 있다. 과거에 발생한 어떤 일 때문에 지금까지도 영향을 받으며 괴로워하기도 한다. 지난 과거를 그리워하고 현재를 허송세월 보내듯 보내는 사람도 있다. 오늘을 살지 못하는 사람들은 기회가 없었다고, 지금 시작하기엔 세월이 너무 많이 지났다고 핑계를 대며 자기 자신을 속인다.

현재 충실하지 않고 간절하지 않은 삶을 살면서 미래에 기적을 바라면 안 된다. 과거, 현재, 미래를 따로따로 구분하고 구별되어 있는 것으로 보지 말고 연속 선상으로 보아야 한다. 현재는 과거이고 미래이다. 진정한 리더는 자신이 서 있는 그 자리를 소중히 여기지 못하고 과거로 만들어 버리는 어리석은 짓을 하지 않는다. 미래에 대한 잡념은 허망함과 불안함만을 가중시킬 뿐이다.

24

시간 관리의 생활화

시간 관리가 어려운 사람은 결정에 근거해 행동하는 것에 어려움을 겪고, 늘 무언가에 방해를 받는다. 상황마다 단순하고 충동적으로 반응하고 행동한다. 무엇을 하려는지 제대로 알지도 못하고 목표 의식을 가지고 무언가를 하는 것에 어려움을 느끼는 것도 당연할 것이다. 큰 그림을 보지 못하고 온갖 사소한 것에 얽매인 것이다. 바쁘다고 미루고 늘 걱정 속에서 살며, 집중을 하지 못한다. 다른 사람은 물론 자기 자신에게도 '아니오'라고 말하는 것을 어려워한다. 어려운 일을 계속 미루며 구차한 변명에 자신을 방어하기에 바쁘기만 할 것이다.

시간 관리를 위해서 우선순위에 따라 중요한 것들을

해 나가라. 시간 관리는 남에게 잘 보이려고 하는 것이 아니라 더 행복하고 재미있게 살기 위해 하는 것이다. 수동적이고 낭비적인 활동에 쓰는 시간을 줄여 여유 있는 생활을 즐겨라.

절대로 문제를 미루지 마라. 미룬다고 문제가 없어지지 않는다. 오히려 시간이 지날수록 더욱 불안해진다. 문제를 해결하는 가장 좋은 방법은 막연히 고민하고 걱정하는 것을 멈추고 아주 작은 일이라도 시작하는 것이다. 일단 실행에 옮기면 고민으로부터 벗어나는 것은 생각보다 어렵지 않다.

25

내일이 온 확률 50%

　모든 사람에게 공평하게 주어진 유일한 것은 시간이다. 하루가 모여 주가 되고 주가 모여 달이 되며 달이 모여 해가 된다. 하찮게 생각해서 낭비하는 초 단위의 시간은 모여서 삶을 은밀하지만 확실하게 바꿔 놓는다. 알다시피 시간이 너에게 무한정 주어진 것이 아니다. 그러나 문제는 시간이 무한하게 주어진 것처럼 삶을 살고 있다는 것이다. 언제 너에게 죽음이 다가올지 아무도 모른다. 불편한 진실이지만 죽음은 누구에게나 찾아온다. 다만 찾아오는 시기만 다를 뿐.

　단수가 된다는 통보를 받으면 단수에 대비해 물을 가득 저장해 놓고 최대한 아껴 쓴다. 우선순위에 따라 물을 필요한 만큼만 사용하고 심지어 사용한 물을 재사용하기도 한다. 경우에 따라 물도 이렇게 아껴 쓰는데 평소 시간은 어떻게 쓰는가? 물 쓰듯 펑펑 쓰고 있지는 않은가? 태어나는 순간, 인간은 죽음을 향해 달려가는 존재다. 언제 마지막 숨을 거두게 될지 모르기 때문에 오늘을 삶의 마지막 날처럼 여기고 멋지게 살아야 한다. 지나간 오늘을 다시 영위할 수는 없다. 그렇기 때문에 매일매일이 실제로 마지막 오늘이다. 내일은 너에게 올 수도 있고 안 올 수도 있다. 시간을 정말 소중히 여기고 아껴야 하는 이유다.

26

오늘이 내 삶의 마지막 날이라면?

계획을 세우기 위해 쓰는 시간이 계획을 이루기 위해 실행하는 시간보다 많으면 안 된다. 머릿속에 그린 미래를 위한 멋진 계획도 실행이 없다면 망상일 뿐이다. 계획만 열심히 세우며 평생을 보내는 사람은 참으로 어리석다. 진정한 리더는 말장난하는 사람이 아니라 행동하는 사람이다. 백 가지의 계획보다 한 가지의 실천이 더 보배롭다.

오늘이 너에게 삶의 마지막 날이라면, 너는 오늘을 무엇을 하며 어떻게 보낼 것인가? 주어진 이십사 시간 동안 계획을 세우는데 많은 시간을 헛되이 쓸 여유가 과연 있을까? 일 분 일 초가 아쉽기 때문에 평소 중요하지 않지만 억지로 해 오던 많은 일들을 멈추고, 적어 놓

은 버킷리스트를 보며 안 해 보고 죽으면 후회할 것 같
은 일을 과감히 할 것이다. 용서를 구하고, 사랑한다고
말하고, 삶을 정리하는데 모든 시간을 할애할 뿐이지
더 이상 오지 않는 미래를 위한 계획을 세우는 사람은
없을 것이다. 내일이란 바보들의 달력에서만 존재한다.
내일은 너를 찾아올 수도 안 찾아올 수도 있기에 어제
의 실패를 훌훌 털어 버리고, 내일의 문제들을 무시하
며, 오늘을 살아야 한다. 생애 최고의 날처럼 말이다.

27

감사해야 할 것들이 너무 많다

감사해야 할 것들이 많다. 태어나서 지금까지 한 번도 쉬지 않고 뛰어 준 심장. 냄새나고 땀이 찬 신발 안에 갇혀 있어도 묵묵히 내가 가고 싶은 곳으로 나를 항상 이동해 준 발. 네가 처음 태어났을 때 너의 볼을 만지게 해 준 소중한 내 손. 해 맑게 웃는 너의 얼굴을 아무런 대가 없이 보게 해 주는 눈. 너의 바이올린 연습을 듣게 해 주는 귀. 너의 머리 냄새를 맡게 해 주는 코. 너에게 뽀뽀 인사와 즐거운 대화를 가능하게 해 주는 입. 내가 잠자는 동안에도 산소 공급을 위해 밤, 낮, 공휴일 없이 움직여 주는 폐.

건강할 때는 장기들의 피나는 노고를 모르며 산다. 자신이 숨을 쉬고 있는지조차 인식하지 못하고 산다. 살아있으니 심장이 뛰고 있다고, 아무렇지 않게 여기며 감사하는 마음보다는 자기의 외모에 대해 불평한다. 성형수술을 원하고 뜯어고치면 자신감이 생기는 줄 안다. 그러나 정말 그럴까? 자신의 몸에 감사함을 느끼지 못하고 외모 때문에 콤플렉스가 있는 사람이 어디서 어떻게 자신감을 얻을 수 있단 말인가?

당연하고 하찮다고 여기는 것들도 잃어버려보면 그 가치가 선명하게 드러난다. 눈을 감고 조용히 앉아 있어보면 감사해야 할 것들이 너무 많다는 사실에 놀라곤 한다. 작은 것부터 소중하게 여기고 범사에 감사하여라. 잃어버리기 전에 감사히 여기고 소중히 다뤄라.

28#

비우고 닦기

네가 컵이라고 가정해 보자. 그런데 그 컵은 오물로 가득차 있다. 그 상태로 당장 그 컵을 목적에 맞게 사용할 수 있는가? 모든 사람들은 각기 다른 컵이다. 크기가 다르고 모양도 다르다. 어떤 컵은 화려하지만 어떤 컵은 수수하다. 어떤 컵은 담을 수 있는 용량이 크지만 어떤 컵은 작다. 네가 어떤 크기와 모양의 컵이든 간에 꼭 기억해야 할 것이 있다. 목적에 맞게 컵으로써 사용되고 활용되기 위해선 먼저 가득차 있는 오물을 버려야 한다는 것이다. 무엇으로 채울지 고민하기보다 먼저 비워야 한다. 비워야 채울 수 있기 때문이다.

비운 다음 해야 할 일은 무엇일까? 오물이 가득차 있던 컵에 바로 물을 담아 마실 수 없다. 사막 한가운데에서 오아시스를 발견했다 하더라도 그 더러운 컵에 물을 담아 마실 수는 없다. 컵이 컵의 목적에 맞게 사용되고 활용되기 위해서는 가득차 있는 오물을 모두 버리고 컵을 깨끗이 닦아야 한다. 대충 헹궈서는 안 된다. 대충 헹군 컵에 물을 담아 마시고 싶은 사람은 없기 때문이다. 컵이 비워져 있고 깨끗해야만 사용될 수 있다. 그래야 물을 담아 너도 마시고 다른 사람에게도 줄 수 있다. 머릿속의 오물을 다 비워라. 너를 사로잡고 있는 잡생각을 다 버리고 네가 가장 소중하고 귀하다고 여기는 것을 선택하여 담아라. 그리고 그것에 집중하여라. 마음을 비우고 깨끗이 정화하여 언제라도 네가 너의 목적에 맞게 사용되고 활용될 수 있도록 만반의 준비를 다 하여라.

너의 마음을 오염시키고 있는 문제의 근원을 찾아 없애야 한다. 오염된 상태로는 너 자신을 포함하여 다른 사람들에게 리더로서 어떠한 에너지도 분출할 수 없고 도움도 되지 못하기 때문이다. 너 자신이 리더라는 도구다. 도구가 사용되지 못하고 활용되지 못한다면 무용지물이다. 항상 준비하고 있어라. 신도 그렇게 준비된 자만을 크게 쓰실 것이 분명하다.

항상 생각과 말과 행동이 완전한 조화를 이루도록 하라.
늘 생각을 정화하는 것을 목표로 하면 모든 것이 잘될 것이다.
– 마하트마 간디

위대한 사람은 기회가 없다고 원망하지 않는다.
– 랄프 왈도 에머슨

너의 선택에
실패와 기회가 달렸다

많이 배운 사람이든, 적게 배운 사람이든, 사장이든, 사원이든, 많이 벌든, 적게 벌든, 모든 사람들은 실패와 좌절을 맛본다.

인생은 원래 그렇다. 완벽한 세상은 없다. 다른 사람들도 같은 근본적인 문제로 힘겨운 투쟁을 한다. 그러나 희생자의 마음가짐을 가지고, 자기 자신과 주어진 환경을 개선하는데 노력을 다하지 않는다면 불행한 운명을 피할 수 없을 것이다. 네가 가지고 있는 마음가짐에 따라 꿈이 현실이 되기도 하고 영원히 꿈으로 남기도 한다. 희생자의 마음가짐을 챔피언의 마인드 세트로 대체 하여라. 진정한 리더는 실패와 좌절을 기회로 본다. 결국 실패로 볼지 기회로 볼지는 네 손에 달린 것이다.

새로운 널 만들어 주는 경험

　어제의 네가 오늘의 너와 같을 수 없고 내일의 네가 오늘의 너와 같을 수 없고 내일의 네가 오늘의 너와 같을 수 없다. 경험과 융합하여 넓어진 너의 지평 때문이다. 경험은 누적되고 새로운 방법과 사고를 가능하게 해 준다. 그러나 경험의 효과를 제대로 누리기 위해서는 네가 해야 할 일이 있다.

　첫째, 경험을 깊이 있게 고찰하여 너만의 자산으로 만들어라. 무작정 경험만 많이 한다고 좋은 것은 아니다. 경험을 통해 너를 알아가야 한다. 알면 알수록 네가 가지고 있는 수많은 도구와 재능을 마음껏 활용하고 사용할 수 있기 때문이다.

둘째, 경험을 통해 새로운 깨달음을 얻어야 한다. 깨달음은 살아 숨 쉬는 배움이다. 너의 의식을 확장시켜 주고 감겨있는 눈을 뜨게 만든다. 경험은 이렇듯 날마다 널 새롭게 만들어 준다. 어제보다 오늘의 네가 더 발전적으로 나아지도록, 네가 경험하고 있는 모든 것들을 소중히 여기고 많은 깨달음으로 너의 무형재산을 늘려 나가라. 쉬지 말고 너를 발견하고 알아나가라.

경험은 배울 줄 아는 사람만 가르친다.
– 올더스 헉슬리

최고의 도구는 바로 너 자신

도구를 제대로 사용하기 위해서는 사용방법을 잘 알고 숙련해야 한다. 네가 가지고 있는 최고의 도구는 너 자신이다. 너의 꿈을 실현하고 사랑을 실천하는 도구인 동시에 너의 목적을 이루기 위한 수단과 방법이다. 숙련공들은 도구들을 능수능란하게 사용한다. 그러기 위해서는 도구의 기능을 잘 알아야 한다.

너는 어떤가? 최고의 도구인 자기 자신을 능수능란하게 사용하는가? 너의 전부를 활용하는가, 아니면 일부분만 사용하는가? 어리석게도 1%만 사용하면서 100%를 사용하고 있다고 착각하고 있지는 않은가? 쉬지 말고 너를 알아가라. 많이 알면 알수록 너는 더 자유롭게 될 것이다.

변화하는 세상에서 살아남기

자연 속에 있으면 마음이 편안해지는 이유

자연 속에 있으면 마음이 편안해진다. 자연이란 사람의 힘이 더해지지 아니하고 세상에 스스로 존재하거나 우주에 저절로 이루어지는 모든 존재나 상태를 일컫는다. 자연을 보면 말없이 자신의 역할을 다하며 존재하는 것을 쉽게 알 수 있다. 꾸밈이 없고, 억지가 없으며, 거짓이 없다. 있는 그대로를 보여주며 자기다움을 발현한다.

자연은 말한다. 제자리를 지키라고, 잠시 쉬어가라고, 불평하지 말라고, 맡은 바 임무를 다하라고, 저마다의 주어진 위치에서 자기를 찬란하게 피워내라고. 그러나 우리 삶의 방식은 어떠한가? 끝없는 욕심 때문에 마음이 편치 못하고, 불평불만이 가득하고, 억지스럽고, 자연스럽지 못하고, 가식으로 포장하고 꾸미고, 남처럼 되기 위해 노력한다.

나무는 봄이 되면 가지마다 새순을 틔우고, 여름이 되면 무성한 잎으로 둘러싸인다. 가을이 되면 모든 잎들은 떨어지고, 겨울이 되면 앙상한 가지만 남게 된다. 이러한 방식으로 나무는 계절의 변화에 순응하며 작은 나무에서 큰 나무로 성장하게 된다.

나무는 영하 20도의 매서운 추위 속에서 불평불만 없이 자기 자리에 서 있다. 열대지방의 야자수로 태어나지 않은 것에 대해 불평하지 않는다. 겉으로 보이는 앙상한 가지를 들어내고 있는 나무의 모습은 초라해 보일지 모르지만 내면적으로 강한 의지와 생명력으로 자기 자신만을 꽉 부둥켜안고 매서운 추위를 이겨냈기에 그처럼 아름다움과 위대함을 당당하게 드러낼 수 있는 것이다.

나무가 나무가 되고, 꽃이 꽃이 되듯이 너도 너 자신이 되어야 한다. 왜냐하면 자기 자신이 되는 것이 가장 쉽고 안전하고 자연스럽기 때문이다. 네가 너 다울 때 높은 자신감을 가지고 편안하게 일에 집중할 수가 있다. 너의 위치에서 너다움을 발현하고 최선을 다해 주어진 역할을 수행하여라. 자연은 자기사명을 다할 뿐, 결코 남을 탓하거나 자신을 남과 비교하지 않는다. 자연 속에 있으면 마음이 편안해지는 이유가 바로 이 때문이다. 너다운 자연스러운 삶을 살아가고 있는지 물어라. 너는 너이므로 다른 어떤 인물이 될 필요가 없음을 알아라. 이는 너에게 그 어떤 구속과 제약에서 자유로움을 가져다줄 것이다.

꿈은 이루어진다. 이루어질 가능성이 없었다면
애초에 자연이 우리를 꿈꾸게 하지도 않았을 것이다.
– 존 업다이크

자신을 내보여라. 그러면 재능이 드러날 것이다.
– 발타사르 그라시안

스펙 쌓기에 열중하기 전에 너를 먼저 찾으라

　주요 대기업에 취업한 구직자들의 평균 스펙은 토익 852점, 학점 3.7점, 어학연수는 1회, 자격증 1.8개, 인턴경험 1.1회, 봉사활동 0.9회, 수상경력 1회라는 결과를 인터넷에서 본 적이 있다. 알다시피 스펙은 specification을 줄여 표현한 것으로, 내용을 상세히 설명하는 사양서라는 뜻이다. 자동차의 스펙은 마력, 토크, 배기량, 실린더 수, 최대 속도 등으로 구성되어 있다. 너의 스펙을 회사 인사 담당자들이 정해 놓은 평가요소로 학벌, 학점, 토익 점수 무작정 쌓아 가면 안 된다. 그런 단적이고 이차원적인 평가요소로 너의 능력과 역량, 그리고 무한한 잠재력은 평가될 수 없다. 너는 차가 아니다. 너를 차처럼 대하는 곳에선 절대로 일하지 마라. 그런 곳은 사람을 기계의 한 부속품처럼 여기고 돈을 사람보다 더 중요하게 여기는 곳이다. 학점과 토익 점수가 낮다고 해서, 고작 숫자 앞에서 네가 위축될 이유는 전혀 없다.

너도나도 스펙 쌓기에 열중이다. 깊은 자기 성찰 없이 세상이 정해 놓은 성공을 위해 수단과 방법 가리지 않고 살아가고 있다. 요즘 순수하게 배우고 싶은 욕망을 채우기 위해 대학교에 오는 학생들이 몇 명이나 될까를 자주 생각하게 된다. 취업을 위해, 먹고 살기 위해, 돈 많이 벌기 위해, 남들과의 경쟁에 뒤지지 않기 위해 공부를 수단으로 생각하는 학생들에게 공부가 진정 즐거움이 될 수 있을까? 수업시간에 스마트폰으로 페이스북이나 카카오톡하고 있는 학생들에게만 잘못이 있는 걸까? 대학교에서 수업시간에 배우는 내용은 왠지 쓸데없고 취업에 직접적으로 도움이 되지 않는다는 생각이 든다고 많은 학생들은 불평한다. 학생들에게 휴학하는 것은 너무나 당연시되어오고 있다. 학생들과 면담을 통해 휴학하고자 하는 이유를 물어봤는데 거의 대부분이 영어학원에 등록하여 열심히 공부해 토익점수를 올리고 싶어서, 또한 취업에 직접적으로 중요하다고 생각되는 자격증을 공부하기 위해서 짧게는 한 학기, 길게는 일 년이라는 시간을 휴학이란 이름으로 보내려 한다는 사실에 많이 놀랐던 적이 있다. 그런데 문제는 학생들이 왜 영어를 공부해야 하는지 왜 자격증을 따려고 하는지에 대해 깊이 생각을 하지 않고 달려든다는 점이다. 열심히 뛰어야 한다고 알고 있고, 나름 열심히 뛰려고 노력하고 있고, 실제로 열심히 뛰고는 있지만 도대체 어디에 가려고 뛰는 건지, 무엇을 위해 뛰는 건지, 왜 뛰어야만 하는지 물어보면 단순하고 얄팍한 답만 내놓을 뿐이다. 성공하기 위해서, 좋은 직장을 얻기 위해서, 남보다 뒤처질까 봐, 남보다 앞서기 위해서, 행복하기 위해서 등등. 이 정도의 이유로 정말 충분한가?

명문대의 졸업장, 높은 학점과 점수, 그리고 해외연수 경험, 자격증 등이 직접적으로 행복을 가져다주지는 않는다. 오로지 인사 담당자의 눈에 잘 띌 뿐이다. 무작정 열심히 뛰기만 하다가 지치고 쓰러지고 다치지 말고 왜 뛰어야만 하는지 어디로 뛰어야 하는지 알고 뛰어라. 남의 결정에 무작정 따르지 말고 네 삶의 주인으로서 선택하고 결정하며 삶을 살아라. 스펙 쌓기에 열중하기 전에 너를 먼저 찾아라.

34

자신을 신뢰하고 인정해 주는 것이 진정한 스펙이다

남을 속이고 남에게 인정받기는 쉽다. 대놓고 거짓말을 해도 되고, 가식과 위선을 떨어도 되고, 없는 데도 있는 척하면 되고, 모자라지만 똑똑한 척하면 되고, 소심하지만 대범한 척하고, 나쁘지만 착한 척하면 된다. 하지만 거짓이 절대로 안 통하는 사람이 있다. 예수님도, 부처님도, 공자도 아니다. 신에게 거짓말 한 번도 안 해 본 사람은 이 세상에 단 한 명도 없을 것이다. 아무도 없는 방에서 네가 무엇을 하고 무슨 생각을 하는지, 너는 너를 본다. 아무리 허풍을 떨고 완벽하게 거짓말을 하여도 자기 자신을 속일 수는 없다.

이런 엄격하고 무서운 네가 너를 인정하면 다른 사람들도 너를 인정할 수밖에 없다. 자기 자신을 멋있다고 인정하지 않는데 친구들이 멋있다고 인정해 줄리 없다. 인사 담당자가, 동료가, 부모님이, 선생님이, 상사가 멋있다고 인정해 줄리가 절대로 없다. 실제로 네가 멋있는 사람이 되어야 한다. 그리고 그 사실을 네가 인정해 줄 수 있어야 한다. 남에게 자신의 존재를 각인시키기 위해, 남에게 인정받기 위해 물불 안 가리는 자는 진정한 리더가 아니다. 스스로를 인정하지 못하는데 남들에게 인정받으면 무슨 소용이란 말인가?

남들은 너에 대해 정확히 알지 못한다. 너를 이 세상에서 가장 잘 아는 사람은 바로 너다. 아빠도 아니고 엄마도 아니다. 가까운 지인도 아니고 친구도 아니고 선생님도 아니다. 남들은 너에 대해 잘 아는 것처럼 말하고 행동하지만 사실은 그렇지 않다. 너에 대한 상대의 평가는 부당하고, 부정확할 확률이 더 높다. 네가 정한 엄격한 잣대와 기준으로 너를 철저히 평가하고, 너의 100%를 발휘하고, 너 자신을 신뢰하고 인정해 주는 것이 진정한 너의 스펙이다.

자신을 신뢰하지 못할 때보다 더 초라할 때는 없다. 네가 최고라는 흔들리지 않는 믿음과 너를 향한 무한한 신뢰는 폭발적인 에너지를 발산하게 만든다. 진정한 리더는 자기 자신과의 관계를 항상 모니터링하여 자기가 자기를 신뢰하고 있는지 먼저 살펴본다. 카운슬러나 컨설턴트들이 신뢰를 구축하기 위해 고객들에게 많은 시간을 할애하고 신경 쓰는 이유는, 신뢰구축 여부에 의해 결과와 성과가 결정되어지기 때문이다. 자기 자신을 속이면 안 된다. 정말 작고 사소한 거짓도 곤란하다. 큰 약속이든 작은 약속이든 자기 자신과의 약속은 확실히 지켜내거라.

35

돈에 지배당하는 삶

　얼마 전 미국에서 파워볼 로또를 사기 위해 긴 줄을 기다리는 사람들을 TV에서 본 적이 있다. 로또 당첨금은 무려 6억 달러한국 돈으로 환산하면 무려 6,600억원이었다. 2달러를 내고 부자의 꿈을 사는 것이다. 로또에 당첨될 확률은 1억 7,520만 분의 1. 네가 행운아라고 가정하자. 그리고 그 파워볼 로또에 당첨되어 6,600억원을 손에 넣었다고 가정하자. 너는 그 돈을 무엇을 위해 어떻게 쓸 것인가? 분명히 그 돈으로 으리으리한 집을 사고, 세계여행을 다니고, 멋진 자동차를 사고, 불쌍한 사람들에게 기부도 하고, 부모님께 용돈도 드리고, 자식에게 유산으로 물려주고, 빚을 청산하고, 평소 갖고 싶었던 물건들을 구입할 것이다. 그다음은?

돈으로 누릴 수 있는 모든 풍요로움으로 말미암아 너의 삶이 진정 멋지다고 말할 수 있는가? 돈으로 살 수 있는 것들은 많다. 그러나 돈으로 살 수 없는 것들도 너무나 많다. 삶을 계획하고 목표를 설정할 때 돈으로 살 수 있고 누릴 수 있는 물질적인 것들에 초점을 맞추지 마라. 너는 이 세상에 돈을 벌기 위한 목적으로 태어난 존재가 아니기 때문이다. 네가 이 세상에 존재하는 이유와 목적에 대해 깊이 고민하며 돈으로 살 수 없는 것들로 너의 삶을 풍성히 채워나가라.

더 많은 돈을 벌기 위해 너에게 주어진 모든 시간과 능력을 소모하며 사는 것은 잘사는 것이 아니다. 돈 때문에 네가 구속받고 마음이 편치 못하다면 너는 이미 돈에 지배당하는 것이다. 너 아닌 다른 것들이 너를 지배하게 해서는 절대 안 된다. 이는 너의 고귀함을 저버리는 행위이기 때문이다. 물질적으로는 풍요롭지만 내면은 빈곤해도 괜찮은 걸까? 정신적인 건강을 해치면서 살아도 괜찮은 걸까? 삶에 정말로 소중한 것이 무엇인지, 어떻게 살아야 하는지에 대한 근본적인 질문에 멋지게 대답할 수 있도록 깊이 사색하거라. 내면이 풍요롭고 여유로운 사람이 부자다.

부는 지혜로운 사람의 노예이자
바보의 주인이다.

– 세네카

부자와 권력자는
리더가 아니다

마더 테레사 수녀님은 이런 말씀을 했다. "축복을 받은 사람들인 우리는 이 세상을 살아가면서 축복을 나누어 줄 수 있습니다. 많은 노력을 필요로 하는 일도 아닙니다. 우리 마음속에서 자연스럽게 흘러나오니까요."

네가 가지고 있는 것이 무엇인가에 대해 많은 생각을 해 보아라. 갖고 있지 않은 것을 다른 사람에게 줄 수는 없기 때문이다. 사랑을 줄 수 있으려면 먼저 너에게 사랑이 있어야 한다. 네가 이해하지 못하는 것을 다른 사람에게 가르칠 수 없는 건 당연하다. 살면서 네가 받았던 모든 도움과 혜택, 그리고 축복을 부족한 사람에게 나누어 주어라. 자신의 부와 권력만을 위해 노력하는 사람은 부자와 권력자일 뿐이지 진정한 리더는 아니다.

37

피니는 노력과 정성 없이
얻을 수 있는 것은 아무것도 없다

　　노력 없이 무엇인가를 쉽게 얻으려는 마음을 버려야 한다. 정당한 대가를 치르지 않고 무언가를 얻겠다는 마음은 도둑놈 심보다. 쉽게 번 돈은 쉽게 쓰게 된다. 쉽게 체득한 학습은 금방 잊어버린다. 대학교 때 들은 수많은 강의 중에 기억에 남는 강의는 이상하게도 쉽고 편하고 즐거웠던 강의가 아니라 어렵고 불편하고 힘들었던 강의다.

　　봄에 아무것도 심지 않은 채 가을에 풍년을 기대하고, 심은 것이 하나도 없으면서 흉년을 걱정하고, 수확량이 적으면 어쩌나 걱정한다. 어리석게도 말도 안 되는 기적을 바라고 있다. 지금 아무것도 하지 않으면서 많은 것을 바라고 미래를 걱정한다. 미래를 걱정하고 불안

해한다는 것은 지금 현재에 충실하지 않다는 것을 의미
한다. 기적은 노력하는 자에게만 일어난다. 너의 한걸음
한걸음에 충실하여야 목적지에 도착할 수 있다.

　세상에 공짜는 없다. 뿌린 대로 거둔다. 콩을 수확하
고 싶으면 콩을 심고 잘 보살펴야 한다. 팥을 수확하고
싶으면 팥을 심고 잘 보살펴야 한다. 관심과 사랑을 가
지고 물과 비료를 주어라. 네가 원하는 모든 것은 피나
는 노력과 정성 없이는 결코 얻을 수 없다. 다른 사람의
성공을 마냥 부러워하거나 질투 어린 눈빛으로 바라보
지 마라. 그 대신 너는 오늘 무엇을 심고, 어떤 노력을
했으며, 어떤 대가를 치렀는지 반성해 보아라.

38

자신감은 팔지 않기에
살 수도 없다

　너도나도 자신감을 갖고 싶어 한다. 자신감이 만병의 통치약처럼 인식되어 있다. 리더의 조건 중에서도 자신감은 한약의 감초 같은 존재다. 수많은 자기계발서가 자신감의 중요성에 대해 언급한다. 각기 다른 자신감 키우는 법을 제시한다. "자신이 원하는 것을 이룬 사람들에 대한 책을 읽거나 그런 사람에게 조언을 구하는 것이 자신감을 키우는 좋은 방법이다. 자신이 하는 일은 실패해도 좋다는 각오로 임해야 한다. 남을 돕고, 봉사 활동을 하고, 긍정적인 생각을 하고, 준비를 하고, 다양한 경험을 쌓고, 거울을 보며 난 할 수 있다고 자기 암시를 하고, 욕심을 버리면 자신감을 얻을 수 있다."고 말이다.

　모두 그럴듯한 주장이다. 그러나 과연 이런 방법만으

로 자신감을 얻을 수 있을까? 자신감은 백화점이나 시장에서 팔지 않기에 살 수도 없다. 팔았더라면 가격은 비싸겠지만 넘치는 수요에 정말 잘 팔렸을 것이다. 자신감은 자신을 이 세상에서 가장 존귀하고 소중한 존재로 여기고, 인식하고, 그런 존재로 대해 주며 살고 있을 때 너와 함께 한다. 자기 자신을 허접스러운 존재라 여기는데 어떻게 리더로써 조직을 이끌어 나가고 세상의 변화를 유도 하며 영향력을 미칠 수 있단 말인가? 평소 자기 자신을 막 대하면서 아무리 거울을 보며 할 수 있다고 자기 암시를 하더라도 자신감을 찾을 수는 없을 것이다.

말로만 하나님을
사랑하지 말자

너 자신을 이 세상에서 가장 존귀하고 소중한 존재로 여기고 인정하며 살고 있을 때 너와 하나님의 관계가 바로 설 수 있다.

학생 중 신실한 기독교인이 있었다. 물론 하나님 이외에 다른 신을 섬기지 않았고 당연히 우상숭배도 하지 않았다. 안식일을 거룩하게 지켰고, 하나님의 이름을 함부로 부르지 않았으며 부모를 공경했다. 하나님께 영광 돌리는 삶을 진실로 원했고 그 삶을 위해 노력해온 학생이었다.

개인면담 시간에 그 학생에게 물었다.

"넌 너를 이 세상에서 가장 존귀하고 소중한 존재로

여기고, 인식하고, 너를 그런 존재로 대해 주며 살고 있니?"

"그렇지 않다."

돌아오는 대답은 상당히 의외였다.

그러나 하나님은 완벽한 분이 아닌가? 그 학생은 부족함 없이 완벽하게 만들어져 이 세상으로 보내졌다. 그렇기 때문에 하나님은 너무나 당연히 그 학생이 세상에서 가장 존귀하고 소중한 존재임을 알고 살아가길 바랄 것이다. 아무리 안식일을 거룩하게 지키고, 기도와 찬양을 드리더라도 자기 자신을 소중하게 여기지 않고, 존귀한 존재로 인정하지 않으며 살아가는 모습을 보고 하나님이 기뻐하고 흐뭇해 할리 없다. 참으로 안타까운 일이다.

입으로만 하나님을 사랑해선 안 된다. 정말 하나님을 사랑한다면, 정말 하나님에게 영광 돌리는 삶을 살고 싶다면, 지금부터라도 자신의 존귀함과 소중함을 알고 자기답게 살아가야 한다.

바다에선 예외 없이
모두 다 흔들린다

살다 보면 힘이 든다. 큰 파도를 만난 배처럼 이리저리 흔들릴 때도 있다. 흔들리지 않는 배는 이 세상에 단한 척도 없다. 수십만 톤의 크루즈도, 돛단배도 흔들린다. 크기가 크든 작든 모두 바다에서는 흔들릴 수밖에 없다. 배의 절친한 친구가 파도라는 것을 받아드리는 순간 불평불만이 없어진다. 너의 배만 유독 심하게 흔들린다는 생각을 버려라. 바다에선 예외 없이 모두 다 흔들리는 것이다. 폭풍우 속에서 마음의 평안을 가질 수 있는 자가 진정한 리더다. 언젠가 파도는 잠잠해질 것이고 비구름은 걷힐 것이다. 자기 자신을 굳게 믿고 원칙을 고수한다면 흔들림 속에서도 마음의 평정을 찾을 수 있다. 중심을 잡고 있기에 미소 지을 수 있다.

오직 너 자신만을 믿어라,
그러면 아무도 너를 배신하지 않을지니.
– 토마스 풀러

너는 자신 있고, 안정될 수 있다.
그리고 네가 하는 일을 잘해낸다는 걸 알고 있다.
– 루벤 스터다드

시간은 인생의 동전이다.
시간은 네가 가진 유일한 동전이고,
그 동전을 어디에 쓸지는 너만이 결정할 수 있다.
너 대신 타인이 그 동전을 써버리지 않도록 주의하라.
– 칼 샌드버그

41

세상엔 너무나 많은
답들이 널려 있다

불행하고 싶은 사람은 없다. 다들 행복하길 원한다. 행복을 찾아 숨겨진 보물찾기 하듯 여기저기 기웃거린다. 행복이 자기 자신 안에 있다는 것을 인식하지 못하고 자꾸만 밖에서 찾으려 한다.

자기계발서 속에서 답을 찾으려 하고 남이 정한 행복의 기준과 정의를 따르려 한다. 세상엔 너무나 많은 답들이 널려 있다. 성직자들이, 작가들이, 정신과 의사들이, 대학교수들이 너의 답을 알리 만무하다. 어떻게 살아야 하는지, 어떻게 살면 행복할지에 대한 답은 오로지 너만이 알고 있을 뿐이다.

지혜의 핵심은 올바른 질문을 할 줄 아는 것이다.

― 존 사이먼

문제를 파악하지 못하면 엉뚱한 답을 얻는다

우리나라 학생들은 문제를 푸는 능력이 매우 우수하다. 다양한 해결 방법을 탐색하고 신속하게 솔루션을 제시한다. 주어진 문제에 대한 정답 찾기에 모든 초점이 맞추어져 있고 길들여져 있다. 또한 정답을 형용사와 수식어로 보기 좋게 꾸며 내는 것에도 능숙하다. 리더십 수업시간에 현재 자신이 가지고 있는 문제가 무엇인지 기술하는 과제를 내 준 적이 있다. 과제를 분석하다 보니 흥미로운 패턴을 발견하게 되었다. 대부분의 학생들이 리포트의 99%를 해결책에 대해 작성한 것이다.

"계획표를 세우고 계획표대로 생활하려고 노력할 것입니다."

“자투리 시간도 잘 활용한다면 무의미하게 보내는 시간
들을 많이 줄일 수 있을 것 같다고 생각합니다.”
“늦게 자고 늦게 일어나는 생활 방식을 버리고 일찍 자
고 일찍 일어난다면 하루를 조금 더 여유롭게 보낼 수
있을 것 같습니다.”

다 맞는 말이다. 그런데 여기에 큰 문제가 있다. ‘~할
것입니다’, ‘~한다고 생각합니다’, ‘~을 위해 노력할 것입
니다’로 끝나는 말들은 모두 초점을 미래에 둔다. 현재
에는 안 하고 있지만 미래에는 할 것이라는 말이다. 하
나의 구호로 끝나는 것이다. 실천이 뒷받침되지 않는 허
울 좋은 말뿐이다. 이런 구호들을 장황하게 늘어놓는다
고 인생에 변혁이 발생할리 없다.

자기 자신이 지금 무엇을 절박하게 해야 하는지 알려
하지 않고 궁금해하지도 않는다. 무언가는 해야 한다고
늘 희미하게 생각만 할 뿐 실행에 옮기지는 못한다. 이
런 상태에서 자신에게 막연한 해결책들을 만들어 낸다.
더욱 안타까운 것은 해결책 대부분은 피땀 흘려 노력하
지 않으면 안 되는 것들로 가득하다는 것이다. 노력과
대가 없이 기적만 바라본다. 삶 속에 신기루와 같은 허

망한 희망 사항들로 가득하고 한 번에 대박 나고 싶어
한다.

자신에게 문제가 없다고 단언하지 마라. 문제를 제대
로 인지하지 못하면 내적인 변화를 경험할 수 없다. 문
제를 직시하여라. 문제의식을 가지고 사는 삶과 문제의
식 없이 사는 대로 사는 삶은 분명히 다를 수밖에 없
다. 문제가 무엇인지 정확하게 진단하고 파악하지 못한
채 정답을 찾기에 급급하지 마라. 문제가 무엇인지도 모
르면서 과연 어떤 해결책이 제시될 수 있을까? 문제가
무엇인지도 인식도 못 하고, 심지어 문제가 있는지조차
도 모르면서 해결책부터 강구 하려 덤벼들지 마라. 이는
목적지가 어디인지도 모르면서 자동차를 무작정 운전하
는 것과 다를 바 없는 것이다.

문제를 정확하게 파악만 한다면 답은 이미 찾아진 것
이다. 무엇을 어떻게 해야 하는지가 선명하게 보인다. 문
제 파악에 99%의 노력을 다하라. 나머지 1%를 답하는
데 시간을 써라. 1% 만으로 충분하다.

43

동쪽으로 가다가 방향을 틀어
서쪽으로 가는 것

　용기없이 무슨 일을 온전히 할 수 있을까? 많은 사람들은 변혁하고 싶어 한다. 그러나 변혁은 대가를 요구한다. 현실에 안주하고 싶어 하고 편한 게 좋다고 여기는 사람들은 성장할 수 없다. 과감하게 지금까지 해 온 방식과 습관을 버리고 새로운 것을 받아드리기 위해서는 용기가 필요하다. 익숙하지 않은 어떤 것에 대한 과감한 시도와 도전은 그 자체만으로도 아름답지 않은가? 두려움과 불안함을 왜 회피하려고만 하는가?

　익숙하지 않은 불편함은 멀리하게 된다. 획기적인 방법을 새로 접하더라도 그것을 자기 것으로 소화하여 자연스럽게 활용하기까지는 시간이 걸리는데 그 과정을 매우 힘들어한다. 모든 물체는 일정한 상태를 유지하려

하는 경향이 있다. 모양을 유지하려 하고, 온도를 유지하려 하고, 무게를 유지하려 한다. 물질, 물체뿐만 아니라 사람도 그러한 경향이 있다. 자기 자신의 상태와 자기 주변 환경의 변화를 일종의 스트레스로 여기며 평형 상태와 균형을 유지하기 위해 시스템적으로 반응하고 움직인다. 지극히 자연적인 생리현상이다.

나는 매 학기, 한 학생 당 최소 한 시간씩의 개인 면담을 실시하였다. 다행히 대형수업이 아니라서 가능했었다. 한 수업 당 20여 명의 학생이 수강을 했고 3과목을 담당했으니 60시간 이상을 면담으로 사용한 것이다. 면담 시간에 많은 학생들은 변화를 원한다는 말을 한다. 일종의 미뤄 온 과제를 더 이상 미루면 안 되는 것처럼, 지금 당장 해야 한다는 식으로 말이다. 난 바로 악마의 대변자가 되어 대화를 시작한다.

"네가 뭐가 어떻기에 변화를 원하는 거니?"

"교수님, 사람이 변화를 추구하며 살아야 발전하지 않겠습니까?"

"과거에도 충분히 변화할 수 있었고 미래에도 변화할 수 있는데 하필이면 왜 지금 변화를 원하는 것이니?"

"왠지 지금 변화하지 않으면 도태될 것 같아서입니다."
"나비는 허물을 벗어야 날개를 얻기에 변화하여야 하지만 너는 변화 없이도 사는데 불편하지 않잖아?"
"그렇지만 보다 나은 미래를 위해서 지금 변화해야 된다고 생각합니다."
"어떤 미래를 꿈꾸고 있니?"
"좋은 직장에 취업해서 높은 연봉을 받으며 좋은 배우자 만나 결혼도 하고 좋은 집에서 좋은 차를 끌고 토끼 같은 자녀들과 해외여행도 다니고 지금까지 키워주신 부모님께 효도 하며 봉사활동도 열심히 해서 남부럽지 않게 살고 싶은 미래를 꿈꾸고 있습니다."
"지금까지 살아왔던 것처럼 그냥 이대로 쭉 살면 정말 안 되는 거니? 지금 당장 안 변화 한다고 인생에 큰 문제 될 것 같지는 않은데 어떻게 생각하니?"
"……."

이쯤 되면 학생들은 살짝 당황해 한다. 그렇지만 학생들은 지금까지 지극히 추상적이고 너무 얕은 생각을 가지고 변화를 이야기해 왔다는 것을 느끼기 시작한다. 자기 자신의 자신감 없는 말투와 당황하여 붉어진 얼굴

빛을 통해서 말이다.

나는 개인적으로 변화라는 말을 좋아하지 않는다. 아주 미세한 변화도 변화로 봐야 하기 때문이다. 어제까지 37도를 주시하며 살아온 네가 오늘부터 37.1도를 주시하며 산다면 비록 미미하지만 삶에 변화가 생겼다고 말할 수 있다. 그러나 미미한 변화는 다시 원위치로 돌아갈 확률이 매우 높다. 지금까지 살아온 너를 세심하고 깊이 있게 돌아보며 지금까지 주어진 삶을 어떻게 살아왔는지 그리고 어떻게 살아야 하는지 피눈물 나게 반성하여야 한다.

해마다 정초에 세운 계획들이 작심삼일로 돌아가는 이유는 피눈물 나는 반성과 회계 없이 그냥 막연하게 변화를 원하기 때문이다. 남들도 변화를 추구하며 사니까, 왠지 그래야 될 것 같기에, 부모가 그래야 한다고 하니까, 보다 나은 미래를 위해서라는 이유만으로는 절대 지속 가능한 변화를 유도해 낼 수 없다. 변화의 다짐이 연중행사처럼 습관적이라면, 강박관념에 떠밀려 마지못해 변화를 원한다면 결과는 뻔하지 않을까?

그렇다면 정말 중요한 것이 무엇일까? 반성에 이어 필요한 것은 지금까지 살아온 너를 완전히 버리고 새로운 너로 다시 태어나겠다는 결단이다. 필요하다면 이름까지도 바꾼다는 결의를 가지고 과거의 프로그램과 시스템을 미련 없이 휴지통에 버려야 한다. 백업을 안 해 놓았다고 불안해할 필요가 없다. 주저하지 말고 새롭게 새사람으로 부팅을 하여라. 이것이 진정한 변혁이다. 변혁은 동쪽으로 걸어가던 네가 방향을 완전히 틀어 서쪽으로 걸어가는 것이다. 변혁은 동쪽으로 걸어가던 네가 동북쪽으로 방향을 살짝 바꾸는 변화와는 근본적으로 태생 자체가 다른 것이다. 반성과 결단 후 필요한 것은 오직 실행뿐이다. 변혁된 너로서 변혁된 삶을 충실히 살아가면 되는 것이다.

변혁하겠다는 말을 이렇듯 쉽게 사용하면 안 된다. '살이 쪘으니 다이어트 한번 해 볼까'라는 식으로 접근할 만한 가벼운 단어가 아니기 때문이다. 변화는 조금만 바뀌어도 변화라고 말할 수 있다. 30도만 바뀌어도 변화는 변화다. 만약 네가 절박하게 바뀌어야 한다면 미미하고 소극적인 변화보다는 적극적으로 새로 태어난 사람이 되고, 180도 완전히 변혁된 네가 되어야 하지 않을까?

변혁은 부담스러운 주제임이 틀림없다. 사람들은 변혁

을 가능하면 외면하려 하고 회피하려 한다. 적지 않은 고통이 따르기 때문이다. 그러나 변혁을 시작하는 것은 그렇게 막연히 어렵지만은 않다. 너와 삶을 관심 있게 들여다본다면, 인생을 거는 각오를 한다면, 깊은 성찰을 한다면, 익숙한 태도와 방식을 과감히 버릴 용기가 있다면 변혁은 이미 시작된 것이다.

44

다른 사람도 너처럼
무한한 가능성을 가지고 있다

상대를 제대로 이해하기 위해서는 상대를 보는 너의 태도에 변화가 있어야 한다. 너의 주관적 생각과 관점이 상대방을 이해하는데 지대한 영향을 미치기 때문에 너와 상대가 다름을 인정하고, 네가 가지고 있는 선입견이 어떻게 작용하고 있는지를 충분히 이해하고 있어야 한다. 선입견은 버릴 수 있는 것이 아니기 때문에 관리되어야 한다. 네가 옳다는 태도로 상대를 무시하고, 경청하지 않고, 오랜 기간의 경험을 토대로 논리와 고집이 강해져 네가 원하는 방향으로 정보를 해석해 버리면 상대를 온전히 이해할 수 없다.

상대방을 얼마나 이해하면서 이해한다고 말하는가? 상대를 이해하기 위해서는 상대방에 관심을 가지고 집중해야 한다. 충분한 시간을 가지고 다양한 경험을 공유해야 한다. 열린 마음으로 끊임없이 관찰하고 대화하고 알아 나가야 한다. 얄팍하게 알면서 이해한다고 믿기 때문에 문제들이 발생하는 것이다. 상대를 제대로 이해하기 위해서는 너의 문제가 무엇인지 정확하게 파악하고 너의 태도에 대한 반성이 먼저 이루어져야 한다. 네가 가지고 있는 편견, 선입견, 무드, 이슈들이 세상을 해석하는데 어떠한 영향을 미치고 있는지, 어떻게 작용하고 있는지 잘 알고 있어야 한다. 다른 사람도 너처럼 무한한 가능성을 지닌 특별하고 소중한 존재라는 인식을 바탕으로 상대방을 있는 그대로 보고, 존중하고, 인정하여라.

45

자연스럽지 못한 연기가 관계를 망친다

이 세상에서 가장 소중하고 존귀한 존재가 너임을 인식하게 되면 상대방 또한 너와 같이 소중하고 존귀한 존재임을 인식하기 시작한다. 상대방을 변화시키겠다는 마음 대신 먼저 너의 태도를 변화시켜야겠다는 마음을 가져야 한다. 너 자신을 존중하고 신뢰하여라. 그래야만 상대방을 존중해 주고 신뢰해 줄 수 있다. 인간관계에서 생기는 문제의 근본 원인은 너의 기대치와 상대의 기대치가 서로 다르기 때문이다. 그러나 사람들은 문제의 근본 원인을 자기 자신에서 찾으려 하기보다 상대방에서 찾으려 한다. '나는 괜찮은데 문제는 바로 너'라는 공식을 대입하여 나온 결과는 무척이나 처참하다. 잘못된 공식은 바로 즉시 올바른 공식으로 대체하는 용기를 가져야 진정한 리더다.

상대방에게 잘 보이려고, 인정받기 위해 별의별 행동을 다 하는 사람이 있다. 상대방에게 대접받아야 직성이 풀리는 사람도 있다. 이들의 공통점은 남을 의식한다는 것이다. 남을 의식한다는 말은 의식이 자신의 육체와 함께 있지 않고 남에게 가 있다는 말이다. 한마디로 '정신 나간 사람'이다. 정신이 나간 상태이기 때문에 상대방에게 진정성 있는 관심을 보이고 집중해야 좋은 관계가 성립된다는 중요한 사실을 인식하지 못하고 상대를 대충대충, 건성으로 대하면서 겉으로만 좋은 관계인척 연기를 한다. 상대에 대한 충분한 이해와 신뢰를 구축하는데 많은 에너지와 시간을 투자하는 게 아니라 가식, 거짓말, 허식, 집착을 가지고 자연스럽지 못한 연기를 하고 있으니 인간관계의 진정성은 사라질 수밖에 없다. 땅콩버터와 젤리처럼 연기와 가식적인 관계는 떼려야 뗄 수 없는 관계임을 잊지 마라.

46

대가와 조건이 없는 관계

타인과의 관계를 가지고 걱정하고 염려하기 전에 먼저 자기 자신과의 관계를 점검하여라.

현재 너는 너 자신과 어떤 관계인가? 사랑하는 관계인가? 아니면 혐오하고 싫어하는 관계인가? 너는 자신에게 진실하고 솔직한가?

많은 관계가 있다. 불편한 관계도 있고 아름다운 관계도 있다. 너 자신과의 관계가 온전하지 못하면 타인과의 관계도 마찬가지다.

사람의 좋고 나쁨은 결국 그 사람과의 관계가 어떠한 지에 따라 결정된다. 인간관계는 절대로 인위적인 테크 닉으로는 온전히 유지되고 관리될 수 없다.

너의 진실성 배어 있는 말과 행동으로만 가능하다. 상 대방에게 가장 좋은 것만 권하는 관계가 가장 건강한 관계가 아닐까? 네가 맺고 있는 관계의 퀄리티를 보면 네 삶이 보인다.

무엇인가를 받고 이용하기 위해 맺는 관계는 오래가 지 못한다. 진실성이 결여되었기 때문이다. 대가와 조건 이 없어야 인간관계가 지속되고 오래 유지될 수 있다.

47

편견을 고치려면
상대방을 이해해야 한다

대화를 통해 풀지 못할 문제가 있다고 믿는 사람은 리더로서의 자격이 없다. 진정한 대화를 통해 서로를 이해하고 인정하면 모든 문제를 풀 수 있다.

편견 때문에 많은 싸움이 일어난다. 사람 간에, 서로 다른 이해 집단끼리, 때론 국가 간 평화를 깨뜨리는 대립과 분쟁, 그리고 다툼이 일어난다. 대화로 상대방을 이해하고 의견의 차이를 좁히는 노력이 부족해서다. 다름과 차이를 인정하고 서로에 대한 선입견을 이해하면 되는데 인정하려 하지 않고 자신의 의견만 옳다고 주장해서다.

편견을 고치기 위해서는 상대방을 이해해야 한다. 그리고 상대방을 이해하기 위해서는 대화가 필요하다. 대화를 통해서 자신이 가지고 있었던 생각에 대해 다시 한 번 돌아보게 되고, 서로의 의견 차이를 좁힐 수 있다. 이렇게 상대방을 이해하고 의견 차이를 줄여나가면 나중에는 의견 일치에 반드시 도달하게 된다.

진정성은 사람의 마음을 얻고 희망을 심어주는 토대이다.

48#

진정성이 녹아 있어야 한다

　삶에 대한 진정성을 찾고 하루하루를 더 진실 되게 살기 위해 노력하여라. 허울 좋은 껍데기로 일상을 사는 것이 아니라 삶을 주체적으로 살아가라. 삶에 대한 다양한 시각들과 시야를 갖춰가는 과정에서 너는 네 나름의 주위 환경과 사람들을 통한 경험을 중요시 여기며 너의 가치관과 인생을 형성해 나가거라. 다시 태어나 똑같은 인생을 살아도 후회 없는 삶. 기쁨과 풍요로움을 있는 그대로 충만하게 받아들일 수 있는 삶. 네가 봐도 네가 존경스럽고 멋있다고 느껴지는 삶을 간절히 원하고 추구하여라. 무엇을 하든지 진정성이 녹아 있어야 한다. 그래야만 사람 한 가슴 한 가슴에 희망의 불씨가 전해지기 때문이다.

행복하려면 행복한 사람들과 함께

즐거운 사람 옆에 있으면 즐거워진다. 신나는 사람 옆에 있으면 신나진다. 열심히 공부하는 사람 옆에 있으면 열심히 공부하게 된다. 행복한 사람 옆에 있으면 행복해진다. 우울한 사람과 같이 있으면 우울해지고 슬픈 사람과 같이 있으면 슬퍼진다.

행복하기 위해선 인간관계에 투자해야 하고 행복한 사람들과 같이 있어야 한다. 너의 주변 사람들과 말만 주고받는 것이 아니라 에너지, 감정, 기분도 서로 주고받기 때문에 네가 행복해야만 네 주변 사람들을 행복으로 감염시킬 수 있다.

어려울 때 든든한 지원을 해 주는, 그리고 즐거울 때 같이 즐거움을 나눌 수 있는 친구와 가족들의 관계를 소중히 여겨야 한다. 가까울수록 소중할수록 당연한 것으로 받아들이지 말고 더욱 관심을 가지고 아껴야 한다. 그리고 감사의 마음을 마음껏 표현하여라.

리더는 끌리는 다른 것이 있다

50#

진정한 리더

　진정한 리더는 얼굴만 봐도 알 수 있다. 맑은 영혼의 순수함이 드러난다. 존재함과 삶에 대한 깊은 고민의 흔적이 보인다. 소중한 질문 하나하나가 그의 삶의 방향을 제시하고 그는 진정성 있는 발걸음으로 한발 한발 나아간다. 맑고 푸른 의식으로 인해 맑고 푸른 말과 행동이 가득하다. 눈빛은 살아있고, 생각은 사랑으로 가득하며, 빛나는 후광은 감출 수 없다. 사람들은 그와 함께 있을 때 가슴 벅찬 감동과 기쁨을 느낀다.

　인간적인 매력으로 자석이 철을 끌어당기듯 사람들을 끌어당긴다. 진정한 리더는 그냥 옆에 있어주는 것만으로도 든든한 힘이 되어준다. 모든 문제에 대한 답이 없어도, 뜻깊은 말을 안 해도 옆에 있는 것 자체가 치유가 된다. 진정한 리더는 남이 아닌 스스로가 정한 기준을 가지고 산다. 어떤 환경에도 흔들림 없이 자기 길을 묵묵히 걸어간다. 소신 있고 원칙이 확고하여 불이익과 손해를 보더라도 절대 타협하지 않는다. 타인과의 경쟁에서 승리하고 경제적으로 부유해지기 위해 돈을 벌지 않으며 자기 자신의 위대함을 찬란히 드러낸다. 미래에 대한 자신감으로 가득차 있기 때문에 일시적 어려움쯤은 전혀 개의치 않는다.

진정한 리더는 언제나 맑고 고요한 마음을 가지려고 노력한다. 맑고 아름다운 눈으로 세상을 바라본다. 한 순간도 자신의 사명을 잊지 않고 밝고 현명한 빛을 발한다. 자기 자신을 항상 새롭게 하며 힘없고 도움이 필요한 사람들을 위해 도움의 손길을 건넨다. 옳은 일이라면 반드시 해내는 큰 힘이 전해져 온다. 남을 헤아려 보살피는 따뜻한 그 무엇이 있고 손길이 닿는 곳마다, 발길이 머무는 곳마다 생명력이 피어나온다.

깊이 있는 자기 철학과 구체적인 노하우를 가지고 실제 삶에서 실천하며 삶의 의미를 찾는다. 사랑하는 사람과 도움이 필요한 사람에게 관심과 이해심을 갖고 관계를 맺는다. 도움이 필요한 사람의 손을 잡아준다. 세

상에 리더는 많으나 리더십은 없다. 리더인 척 연기하는
사람은 많지만 진정한 리더는 많지 않다.

154

51

가장 중요한 사람은
누구인가?

　인생은 만남으로 이루어져 있다. 제일 처음 부모님과 만난다. 배고프면 먹을 것을 주시고, 똥오줌을 싸면 기저귀를 갈아주시는 무조건적인 사랑의 본보기가 되어주시는 부모님과의 만남을 가진다. 친척을 만나고 세월이 지나면 너와 피를 나눈 형제자매와의 만남을 가진다. 학교에서 같은 반 친구들을 만나고, 옆에 앉는 짝을 만나고, 담임선생님을 만난다. 학원 선생님도 만나고, 가정교사도 만난다. 주일마다 성당 신부님과 수녀님을 만난다. 신을 만나고 여러 친구들과 선생님을 만난다. 멋진 책 속에서 헤밍웨이를 만나고, 위대한 미술 작품 속에서 피카소를 만난다. 음악을 통해 베토벤과 만나고, 칸트를 통해 철학과 만난다. 사랑하는 사람을 만나고, 일생을 같이할 배우자를 만난다. 배우자의 가족과 친척을 만나고, 삶의 큰 축복인 자녀들을 만난다.

어렵고 힘들 때 도움을 주는 고마운 사람도 만나지만 한번 만나고 헤어지는 사람, 스치듯 지나가는 사람도 만난다. 인생에 큰 영향력을 미치는 사람도 만나고, 그리고 최후에 저승사자와 만난다. 살면서 네가 만나는 사람들은 셀 수 없을 만큼 많다. 그 수많은 사람 중에 가장 중요한 사람은 누구일까? 누구를 위해 절박하게 살아야 할까? 누구를 위해 꿈과 열정을 가져야 할까? 세상의 중심은 너다. 가장 중요한 사람은 바로 너다. 진정한 리더는 이 사실을 단 한 순간도 잊지 않는 사람이다.

52

절박함을 가지고 한 일은 빛난다

배가 몹시 고픈 호랑이가 얼룩말을 발견한다. 호랑이는 곧 점심거리인 얼룩말을 향해 무서운 속도로 달려간다. 그러나 호랑이가 살고 있는 곳은 얼룩말을 비롯해 다른 여러 동물들도 살고 있다. 한마디로 사냥감이 풍부한 곳이다. 호랑이는 사냥을 위해 달려가면서도 절박함은 없다. 저 얼룩말을 잡지 못해도 언제든 다른 동물을 잡아먹을 수 있기 때문이다.

그러나 얼룩말의 입장은 어떤가? 얼룩말은 생과 사의 기로에 서 있다. 잡히면 죽는다. 도망치면 산다. 얼룩말은 살기 위해 달린다. 겉보기에는 호랑이와 얼룩말이 똑같이 달리고 있지만 얼룩말에게는 호랑이에겐 없는 절박함이 있다.

리더는 절박함을 가지고 맡은 바 책임과 임무를 다하
는 사람이다. 절대로 요령 피우지 않는다. 대충대충, 건
성으로 일을 처리하지 않는다. 배수진을 친 사람과 그렇
지 않은 사람의 절박함은 정도가 다르다. 절박함을 가
지고 한, 일의 결과는 빛나고 아름다울 수밖에 없다.

53

몰입의 생활화

양궁선수들이 활시위를 당기기 전, 몰입하고 있는 모습을 본 적이 있는가? 일체의 미동 없이 과녁의 정중앙을 바라본다. 보는 이조차 숨을 졸이게 만드는 완벽하게 몰입된 상태의 모습. 양궁선수의 육체와 정신이 하나 된 온전한 상태의 모습이다. 공부를 하거나 책을 읽거나 임무를 수행할 때 온전한 상태의 너로서 몰입하여라.

사람은 몰입할 때 가장 큰 행복감을 느낀다는 많은 연구결과를 접한다. 몰입을 해야 너의 육체에 의식이 함께하게 되고 네가 하는 일에 행복감을 느끼게 된다. 초점을 정확히 맞춰 볼록렌즈로 햇빛을 모아야 종이를 태울 수 있는 것처럼 멋진 결과를 원한다면 몰입하여라.

몰입해야 1시간을 10시간처럼 사용할 수 있다. 도서실에 10시간 내내 앉아 있어도 의식이 노는 곳에 가 있다면 10시간을 공부한 것이 아니다. 껍데기만 도서실에 앉아서 공부한 척을 한 것이다. 결과적으로 보면 놀지도 못하고 공부한 것도 아닌 것이 된다.

놀 때 놀고 공부할 때 공부하라는 말은 네가 있는 곳에서 네가 하고 있는 일에 몰입하라는 말이다. 놀면서 시험 걱정하고, 시험공부 하며 노는 생각을 하면 죽도 밥도 안 된다. 네가 가지고 있는 많은 관심거리를 하나로 모아 주어라. 이것저것 산만하게 벌려 놓지 말고 하나하나씩 몰입하여라. 몰입하기 위해서는 먼저 주의를 통제하여라. 네가 사용할 수 있는 주의력은 한도가 있기 때문에 그것을 어디에 어떻게 투자할 것인가를 고민하고 관리 하여야 한다.

네가 하는 일 자체에 완벽히 집중하여 온전히 주의를 쏟아 부어야 한다. 진정한 리더는 금방 몰입하고 몰입 상태를 오랫동안 지속한다. 몰입이 습관화되면 생활에 놀라운 변화가 찾아온다. 하루 24시간 중 깨어있는 시간을 몰입하며 산다면 너의 인생이 어떻게 바뀔지 상상만 하지 말고 바로 지금 시도해 보아라.

귀 기울여 들어준다면
우리 몸은 우리에게 분명하고 구체적으로 이야기한다.
– 삭티 거웨인

54

내면의 소리에 귀 기울이면

　진정한 리더는 내면의 소리에 귀 기울이는 자다. 네 안에 있는 또 다른 너는 항상 대화를 시도한다. 네가 진심으로 원하는 것에 대해, 절대적인 행복으로 가는 길에 대해, 문제의 핵심에 대해, 네 가슴을 뛰게 만드는 것에 대해 작은 목소리지만 또렷하게 말해 준다. 치열하게 살아가고 있는 너에게 수많은 조언도 해 주고, 상처도 치료해 주고 싶어 한다. 그러나 여러 가지 이유로 마음 깊은 곳에서 들려오는 또 다른 너의 목소리를 듣고도 아무런 조치와 결단을 내리지 못한다. 내면의 소리는 흔히 무시당하고 버림받는다. 정작 중요하게 들어야 할 소리지만 아이러니하게 남의 소리를 더 중요하게 여기며 살아간다. 너의 소리를 대신 들어 줄 사람은 단 한 명도 없다.

　아무리 복잡하고 어려운 문제라도 가장 적절하고 효과적인 해결 방법은 자기 자신 안에 있다. 내면의 소리에 문제의 핵심과 해결책이 들어 있다는 말이다. 네가 처한 상황에서 무엇을 어떻게 해야 하는지, 왜 해야 하는지가 전부 들어 있다. 네 안에 있는 또 다른 너의 조언을 귀담아듣고 실행으로 옮기면 놀랍게도 조용하던 가슴이 뛰기 시작하고, 식었던 열정은 다시 뜨거워지며, 시끄러웠던 마음이 평온해진다. 이름 없는 '그들'이 정한 시간표와 성공기준을 과감히 버리고 네가 정한 시간과 기준으로 삶을 자유롭게 살아야 네 안에 있는 또 다른 네가 행복해진다. 이 행복은 지속가능하고 절대적이다. 다른 사람과 비교하며 느끼는 상대적인 행복이 아니라 너 자신으로부터 우러나오는 진정한 행복감이다.

　내면의 고요한 소리를 듣기 위해선 조용한 곳에 있어야 한다. 시끄러운 곳에서는 그 어떠한 소리도 들을 수 없다. 너의 존재를 느끼고 내면의 소리를 듣기 위해 두 귀를 쫑긋 세우고 집중해야 하는데도 불구하고 소음이 가득한 곳에서 나오려 하지 않는다. 하루 종일 직장에서 눈 빠지게 쳐다보고 있던 컴퓨터 스크린을 집에 와서도 인터넷 서핑을 하느라 쳐다본다. 직장에서는 동료들과 집에서는 가족들과 잡담을 한다. TV를 보고, 전화를 하고, 이메일을 주고받고, 신문을 읽고, 라디오를 듣는다. 사람들 속에 섞여 있는 자기 모습을 보고 마음의 평안을 얻는다. 이런 생활이 편안하고 안락한 생활이라고 믿으며 남의 이야기로 가득 찬 삶을 살아간다. 지금부터라도 너의 이야기로 삶을 가득 채워 나가야 한다. 그러기 위해서 매일 15분씩 너 자신에게 조용한 환경을 제공해 주어라. 이보다 더 값진 배려는 없다.

55

자신의 렌즈 색을 살펴라

네가 끼고 있는 선글라스 렌즈의 색에 따라 세상의 색이 정해진다. 파란색 렌즈를 통해 보는 세상은 파랗고 붉은색 렌즈를 통해 보는 세상은 붉다. 너무나 당연한 사실이다. 진정한 리더는 자기가 끼고 있는 렌즈의 색을 명확하게 알고 있고 그 색이 세상을 이해하고 해석하는데 어떠한 영향을 어떻게 미치는지에 대해 잘 파악하고 있는 사람이다. 항상 렌즈의 상태를 점검하여 최상을 상태를 유지하여라. 렌즈가 오염되면 닦아야 하고, 스크래치가 나면 교체하여야 한다. 렌즈가 온전해야 세상이 온전히 보이기 때문이다.

네가 쓰고 있는 선글라스의 색이 무슨 색인지 파악도 못 한 채 세상이 이렇다 저렇다고 말하는 것은 대단히 위험하다. 지금의 너를 있게 한 모든 경험, 교육, 주위 환경, 가치관, 선입견, 철학 등은 너의 선글라스 렌즈와 같다. 네가 미워하고, 싫어하고, 옳지 않다고 생각하고, 이건 아니다라고 생각하고, 이상하다라고 생각하는 모든 것들의 원인은 네가 쓰고 있는 선글라스의 렌즈의 색 때문이다. 자신의 생각, 집착, 고집, 감정, 그리고 맘대로 떠올린 머릿속의 상상 들을 멀리하고 사물이나 상황 그 자체만 보아라. 반사적으로 상대방을 이런 사람 저런 사람으로 규정짓지 말고 먼저 너의 렌즈를 살펴보아라. 렌즈가 온전하지 못하여 세상과 상대를 왜곡해서 보는 건 아닌지 점검하여라.

당신은 살아 있다. 행동하라.
인생의 과제와 윤리적 책임은 그리 복잡하지 않았다.
완전한 문장이 아닌 몇 단어로도 표현할 수 있었다.
'보아라. 들어라. 선택하라. 행동하라.' 처럼.

– 바바라 홀

56

치열하게 고민하고
선명하게 표현해라

    간단명료하고 선명하게 표현하는 리더가 되어라. 복잡하게 표현하는 사람은 절대 리더가 될 수 없다. 왜냐하면 복잡하다는 것은 생각이 정리가 안 되었다는 증거이고 생각이 정리가 안 되었다는 말은 치열하게 고민하지 않았다는 증거이기 때문이다. 간단명료한 표현은 깊은 사고 없이는 불가능하다.

    깊은 사고와 고민은 가까이하되 나태함과 안일함은 멀리하여야 한다. 안일함과 나태함을 감추기 위해 리더십 없는 리더는 화려한 수식어를 사용하고, 그럴듯한 전문용어, 연구결과, 통계자료로 내용을 포장한다. 이러한 리더는 복잡한 문제와 해결책을 단순화하여 조직원이 쉽게 공유할 수 있도록 도와주어야 할 의무와 책임이 있는데도 불구하고 단순한 문제를 더 복잡하게 만들어 조직원들을 안개 자욱한 길로 인도한다. 안개 낀 날 사고는 더 많이 발생한다. 치열한 고민과 선명한 표현으로 안개 낀 날 조직원에게 등대의 역할을 충실히 해 주는 리더가 진정한 리더다.

문제의 원인은 자신에게 있다

Anchoring, Attributional Bias, Clustering Illusion, Confirmation Bias, Conjunction Fallacy, Contrast Effect, Dilution Effect, Egocentric Bias, Expectancy Effect, Fundamental Attribution Error, Gambler's Fallacy, Halo Effect, Hyperbolic Discounting, Loss Aversion, Mere Exposure Effect, Overconfidence Effect, Physical Attractiveness Stereotype, Primacy Effect, Regression Fallacy, Selective Perception, Self-serving Bias, Trait Ascription Bias, Von Restorff Effect, Worse-than-Average Effect, Zeigarnik Effect…….

저 영어 단어들 때문에 당황해 하지 마라. 인간이 얼마나 비합리적이고 편향적이고 오류투성이인 존재인지 상기시켜주는 심리학개론에 단골로 등장하는 용어들이다. 인정하기 쉽지 않지만 인간은 불완전한 존재이다. 잘난 사람이든 못난 사람이든, 키가 크든 작든, 신앙심이 깊든 안 깊든, 여자든 남자든 인간은 완전할 수 없다.

너의 판단과 결정은 알게 모르게 육체적, 심리적, 생리적, 환경적 요인들로부터 복합적인 영향을 받는다. 그러므로 올바른 판단과 결정을 내리는 것은 생각보다 쉬운 일은 아니다. 매일매일 사소한 것에서부터 중대한 사안까지 수많은 판단과 결정을 내려야 하는 너. 네가 내리는 결정과 판단은 편향적이고 비합리적이고 오류로 가득 찬 것일 수도 있다는 것을 인정해야 한다. 인간이기 때문에 말이다. 그렇기 때문에 어떤 문제가 생기면 원인을 먼저 자기 자신 안에서 찾도록 하여라. 무작정 주어진 환경과 주변 사람만 탓할 게 아니다. 진정한 리더는 자기가 완벽하지 못하기에 자기 자신이 문제의 원인이 될 수 있다는 사실을 인정하는 사람이다.

58

자신과의 데이트

국어사전은 데이트의 정의를 이렇게 내리고 있다.

"데이트는 남자와 여자가 서로 사귀려고 만나는 것을 말하며, 두 사람이 연인이나 배우자로 적합한지 판단할 목적으로 서로 동의하에 만나는 사회 활동을 뜻한다. 일반적으로 데이트에는 놀이나 식사가 포함된다."

남자는 여자에게 추운 날 외투를 벗어 주기도 한다. 핸드백을 들고 여자 화장실 앞에서 대기하기도 하고, 하이힐과 운동화를 바꿔 신기도 한다. 문을 열어주고, 데이트 코스와 이벤트를 준비하기도 한다. 이런 방식으로 만남이 지속되어 결혼을 하기도 한다.

상대방을 만나기 전에 준비해야 하는 것들은 다음과 같다. 먼저 샤워를 하고, 속옷을 갈아입은 다음, 향수를 뿌린다. 그다음 옷을 고른 후 다리미로 다리고, 각종 액세서리로 코디 방법을 구상한다. 인사 멘트를 준비하고 재미있는 이야기도 몇 가지 준비한다. 은행에 가서 현금을 찾고, 세차를 하고, 맛집을 찾아 예약을 하며 이벤트를 준비한다. 어떻게 하면 자신감 있어 보일지, 멋지게 보일지 고민하는 것도 준비 과정 중 하나다. 상대를 만나고 나서는 취미는 무엇인지? 관심사는 무엇인지? 이상형은 누구인지? 어떤 음식을 좋아하는지? 삶의 철학은 무엇인지? 어떤 미래를 꿈꾸고 있는지? 다양한 주제를 가지고 상대를 알아 나가기 위해 관찰하고, 탐색하고, 분석한다. 상대방의 말에 경청하고, 리액션을 취하고, 집중한다. 데이트를 마치고 집에 돌아올 때는 다음에 만나 무엇을 할지, 어떤 말을 할지, 말과 행동엔 문제가 없었는지 반성을 한다. 이렇듯 성공적인 데이트는 상대에 대한 지대한 관심, 배려, 이해, 존중, 시간과 물질적 투자가 뒷받침되어야 가능하다.

상대방을 알기 위한 노력은 부단히 하지만 자기 자신을 알기 위한 노력은 얼마나 하는가? 자기 자신에 대한 지대한 관심을 가지고 있는가? 자기 자신을 배려하고, 존중해 주고, 아낌없이 시간과 물질적 투자를 하며 살고 있는가? 몸과 마음이 아파져야 비로소 관심을 가지는, 평소에 자기 자신에게 관심이 없는 사람이 리더로서 남을 이끌고 변화를 유도해 낼 수 있을까? 진정한 리더는 지대한 관심을 가지고 남이 아닌 자기 자신을 알기 위해 끊임없이 관찰하고 탐색하고 분석하는 사람이다.

59

정성으로 상대의 마음에 전하는 감동

지름길을 찾아다니고, 요령을 피우며, 대충대충 일하는 사람들은 진정한 리더가 될 수 없다. 리더는 정도를 걷고, 혼신의 힘을 다하며, 온 정성을 다해 일하는 사람이다. 남이 있으나 없으나 말과 행동에 변함이 없고 한결같은 사람이다. 남에게 자기가 평가되고 보여진다는 것에 지나치게 의식하는 사람은 의식이 밖으로 나가 있는 상태이다. 말 그대로 '정신이 나간 사람'인 것이다. 남에게 잘 보이려고, 좋게 평가받기 위해, 대접과 인정받기 위해 노력하는 사람이 어떤 일을 과연 온전히 해낼 수 있을까?

아무도 없는 새벽에 묵묵히 거리를 청소하고 있는 환경미화원을 본 적이 있다. 누가 보든 안 보든 열심히 거리를 청소하고 있는 모습이 너무나 아름답게 보였다. 자기가 하는 일에 지극 정성을 다하는 사람은 멀리서도 눈에 띈다. 아무리 사람이 많아도, 아무리 거리가 멀더라도 그 사람만 보이게 된다. 사람이 빛나기 때문에 그의 주변도 환해진다. 진정한 리더는 빛나는 사람이다. 자기 자신을 찬란히 빛나게 하여 주변을 환히 비춘다. 네가 속해 있는 조직이 어둡다면 너는 리더로서 문제가 있는 것이다. 너 자신이 빛나지 않는다는 증거다. 너로 인해 주위 사람들과 네가 속해 있는 조직이 빛나야 한다. 네가 먼저 변해야 남도 변하고, 조직이 변하고, 세상이 변한다.

가식과 허식을 가지고 좋은 리더인 양 연기하며 타인을 이끌 수 없다. 가식과 허식은 감출 수가 없기 때문이다. 아무리 리더십에 관한 노하우, 테크닉을 많이 알고 있어도 소용없다. 자기계발서를 백만 권 읽어도 전혀 도움이 되지 않는다. 혼신의 힘을 다하는 리더, 지극 정성을 다하는 리더만을 하늘은 도울 것이기 때문이다.

정성은 감동을 일으킨다. 감동이 있어야 사람의 마음은 움직인다. 암에 걸린 배우자의 치료를 위해 시골로 내려가 정성스럽게 키운 농작물과 산에서 캔 약초를 가지고 음식을 만들어 먹고 나서 암을 이겨냈다는 사람들의 이야기를 TV에서 본 적이 있다. 자식 키우듯 키운 각종 채소와 곡물들을 가지고 만든 음식을 먹고도 고치지 못할 병이 어디에 있을까 라는 생각이 들었다. 재료가 신선하고 특별해서라기보다 사랑하는 사람을 살려보겠다는 눈물겹고 정성 어린 마음을 신이 보고 감동한 게 아닐까? 값비싼 약도 정성이 없으면 효력이 상실된다. 때가 되면 먹기 위해 의무감으로 음식을 준비하는지 아니면 사랑과 정성을 가득 담기 위해 음식을 준비하는지 반성해 보아라.

소중한 사람을 떠올리며 쌀을 한 톨 한 톨 씻는다는 마음으로 정성껏 음식을 준비하는 자가 리더이다. 왜냐하면 지극한 정성과 사랑을 담은 밥맛은 대충대충 준비한 밥맛이랑 확연히 차이가 나기 때문이다. 진정한 리더의 말과 행동, 그리고 생각들은 이렇게 맛이 다르다. 다를 수밖에 없다. 요령 피우지 말고, 쉽게 가려 하지 마라. 건성으로 대충 하려는 마음을 버려라. 온 정성을 다해라. 쉽게 조미료의 도움을 받아 음식 맛을 내려 하지 말고 정성으로 맛을 내라. 그 정성은 반드시 전달되어 상대의 마음을 감동으로 물들게 할 것이다.

손님을 환대하고 마음을 편안하게 하라.
진심으로 그렇게 하면, 나머지는 일사천리다.

– 바바라 홀

60

자신에게 관심을 가지는 사람

　무엇에 관심을 가지고 있는가? 현재 관심사는 무엇인가? 관심은 행동에 직접적인 영향을 미친다. 관심 없는 주제나 분야는 당연히 흥미도 없고 궁금하지도 않다. 요즘 학생들의 관심사를 살펴보면 취업, 미래, 학점, 영어, 자격증, 장학금, 생활비, 이성 친구, 외모, 패션 등이다. 그중에 가장 큰 관심사는 돈이다. 관심의 초점을 자기 자신을 제외한 그 밖의 모든 것에 둔다. 더 많이 채우려 하고, 더 많이 가지려 한다. 더 많이 벌고, 더 많이 쓰려고 한다. 자기 자신에 대한 관심은 찾아보기 힘들다. 자기가 숨을 쉬고 있는지, 심장은 뛰고 있는지 전혀 느끼지 못하고 살아간다. 진정한 리더는 자기를 잘 아는 사람이다. 자신의 소중함과 존귀함을 온몸으로 느끼며 사는 사람이다. 이제부터라도 밖으로 향해 있는 관심을 돌려 너에게 두도록 하여라. 자기 자신에게 관심을 가지는 것은 리더가 되기 위한 중요한 첫걸음이다.

61#

조화롭게 공존하는 관계

　주위 사람을 떠올려 보아라. 오늘 하루 너와 직간접적으로 관계가 있었던 사람들 모두를 말이다. 의도된 관계, 의도되지 않은 관계, 친밀하고 우호적인 관계, 그저 그런 관계, 갈등 불편한 관계 등 가정에서, 직장에서, 네가 속해 있는 각종 단체에서 다양한 사람들과 각기 다른 관계를 맺으며 살아가는 걸 알 수 있다. 너 혼자 사는 세상이 아니기에 관계에 문제가 생기거나 어려운 일이 발생하면 결과적으로 서로 윈윈할 수 있는 방법을 모색해야 한다.

　네가 이 세상의 중심에 있는 가장 소중하고 존귀한 존재임을 인식하게 되면 타인도 저마다 소중하고 귀한 존재임을 깨닫게 된다. 조화롭게 공존하는 관계를 맺는 삶을 살고자 하는 의식을 가지고 살아라. 네 마음대로 상대방에게 색을 입히는 너에서 상대를 있는 그대로 볼 수 있는 너가 되어야 한다. 진정한 리더는 예전의 관계에 사로잡혀 있거나 나중에 잘해 주겠다고 미루는 사람이 아니다. 진정한 리더는 현재 네 앞에 그리고 네 주변에 있는 사람에게 최선을 다하는 사람이다. 함께 있는 사람에게 온전히 집중하는 사람이다. 상대방을 대충대충 건성 건성으로 대하고, 상대방이 왜 너와 함께 있는지 관심도 없으며, 너의 역할이 정확히 무엇인지 모르면 타인과 좋은 관계를 맺을 수 없다. 진정한 리더는 관계 속에서 자신의 역할이 무엇이고 무엇을 해야 하는지 정확하게 아는 사람이다.

무작정 남발한 인간관계의 의미는 없다.

의미 있는 관계

임무를 완수하기 위해 또는 목표를 달성하기 위해 열심히 노력하는 사람은 포부와 열망 없이 사는 사람보다 더 행복감을 느낀다는 많은 연구 결과들이 있다.

목표는 삶의 목적을 더욱더 분명하게 하고, 자부심을 북돋우며, 온전한 자기 자신으로 존재하도록 돕는다. 목표 달성을 위해 한발 한발 나아가는 과정 중 삶의 의미를 찾도록 노력해라.

많은 연구 결과들에 따르면 인간관계는 삶에 가장 강한 의미와 목적을 가져다준다고 한다. 그렇기 때문에 인간관계가 중요하다.

의미 있는 관계를 맺고 유지하는 사람이 진정한 리더

다. 무작정 인맥에 관한 주요정보를 체계적으로 관리한다고, 다양한 휴먼 네트워크에 가입하고 활동한다고 인간관계를 통해 삶의 의미와 목적을 찾을 수는 없다.

인간관계의 목적이 근본적으로 다른 진정한 리더는 자기가 이루고 싶은 것을 이루기 위해 인맥을 활용하는 사람과는 태생부터 다르다.

실패 속에서 자신을 업그레이드시키는 기회

　실패를 했을 때 원인 분석을 철저히 해야 한다. 실패한 이유를 온전히 이해하여야 한다. 실패를 통해 다시는 똑같은 일이 반복되지 않도록 힘써야 한다. 주위 사람들을 속이기는 쉽지만 자기 자신을 속이는 것은 불가능하다. 아무리 논리적으로 핑계를 대고 자기 합리화를 해도 소용없다. 하루 이십사 시간 일 년 열두 달 무슨 생각을 하고 어떤 행동을 하는지 너는 너를 지켜본다.

　실패의 원인을 자기 자신 안에서 찾아 새로운 것을 배우고 너 자신을 업그레이드하여라. 지속적인 업그레이드를 통해 너의 브랜드 가치를 높여라. 실패 없는 평탄한 삶이란 이 세상에 존재하지 않는다. 진정한 리더는 실패 속에서 자기 자신을 업그레이드 시킬 기회를 잡고 발전해 나간다. 무사안일 한 사람, 적당히 시간만 때우는 사람, 요령을 피우며 당장 눈앞의 일만 해결하고 모면하려는 사람. 이런 사람들에겐 실패는 업그레이드의 기회가 아니라 자포자기의 출발점이라는 것을 명심하고 네가 맡고 있는 일에 미치도록 몰입하여라. 실패를 두려워하지 마라. 어려움은 있지만 이겨 낼 힘은 네 안에 가득 있으니 어떠한 역경도 이겨낼 수 있다. 더 큰 잠재력을 발휘하여 더 큰 존재로 부상하여라.

너의 잠재력을 큰 가치로 만들어라.

64#

쌀 한 톨의 귀중함

물, 햇빛, 공기, 이산화탄소, 흙, 거름, 농부, 트럭, 철, 기름, 농약, 쌀자루, 낫, 트랙터, 바람, 곤충, 사랑, 정성, 볍씨, 땀, 대자연의 은혜, 수고, 수많은 공정, 신의 축복, 비…….

쌀 한 톨이 너에게 오기까지 필요한 것은 여기 지면에 다 적을 수 없을 만큼 많고 다양하다.

쌀 한 톨은 너에게 얼마나 소중한가? 가격으로만 따지면 쌀 한 톨은 그다지 비싸지 않다. 마트에 가면 1kg의 쌀을 3만원에서 5만원 사이에 살 수 있다. 보릿고개는 없어진 지 오래되었고 요즘 사람들은 영양실조보다 과다체중 때문에 죽어간다.

쌀 한 톨의 귀중함

가격이 싸다고, 쉽게 구할 수 있다고 해서 쌀 한 톨의
귀중함을 인식하지 못하고 살면 안 된다. 자연과 사물
의 겉만 보고 느끼는 사람에서 자연과 사물을 깊이 있
게 들여다볼 수 있는 사람으로 변혁된 사람이 진정한
리더다.

65

힘은 가지는 게 아니라 써야 한다

프렌치J. French와 레이븐B. Raven에 따르면 권력은 크게 5가지로 나뉜다. 합법적 권력legitimate power, 보상적 권력Reward Power, 강압적 권력coercive power, 전문적 권력expert power, 그리고 준거적 권력reference power으로 말이다. 보상적 권력은 상과 벌을 줄 수 있는 능력으로 인해 생기는 힘을 말한다. 강압적 권력은 요구나 지시를 거부하는 사람을 처벌할 수 있는 능력으로 인해 생기는 힘을 말한다. 합법적 권력은 조직 내 규칙과 직위로 인해 생기는 힘을 말한다. 전문적 권력은 전문적인 기술이나 지식으로 인해 생기는 힘을 말한다. 마지막으로 주목해야 하는 권력은 바로 준거적 권력이다. 준거적 권력은 네가 가지고 있는 인간적인 매력으로 생기는 힘을 말한다.

육체와 의식이 하나 된 온전한 상태로 너 자신에게 당당하고 스스로 멋지다고 인정할 수 있는 삶을 산다면, 너의 존재와 살아 있음에 대한 깊은 고민과 성찰을 바탕으로 말보다는 실천하며 사는 삶을 산다면, 네가 하고 있는 일에 집중하고 최선을 다해 몰입한다면 사람들은 너에게 강하게 끌릴 것이다.

나방이 불을 향해 달려가듯 사람들은 너와 함께 일하고 싶어 하고, 닮고 싶어 하며, 조금이라도 더 같이 있고 싶어 할 것이다. 이것이 진정한 리더이다. 진정한 리더는 리더십 노하우와 테크닉으로 사람들을 이끄는 사람이 아니다. 진정한 리더는 힘은 써야 하는 것이지 가지고 있는 것이 아님을 아는 사람이다.

사람들은 진정한 리더를 따른다. 언제 어디서 무엇을 하고 있든지 사람들은 진정한 리더를 본능적으로 알아본다. 목소리를 잃어버린, 시력을 잃어버린, 청력을 잃어버린 사람들이 사회엔 많이 존재한다. 진정한 힘이란 그들의 입과 귀와 눈이 되어 주는 것이 아닐까? 시대가 요구하는 풀어야 할 과제가 있다. 그 과제에 관심을 갖고 응대하여라. 네가 이뤄야 하는 꿈과 목표를 위해 함께 일 할 사람들을 찾아라. 진정한 리더로 힘 있게 살아라.

권력은 자신의 의지를 다른 이들의 목적과 결부시킬 수 있는
역량, 이성과 협동의 재능으로 이끌어 가는데 있다.
– 우드로 윌슨

너의 긍정적인 에너지로 밝게 비춰라.

66

어두운 곳을 밝게 비추는 사람

　네가 의도한 일이든 의도하지 않은 일이든, 큰일이든 소소한 일이든, 생각하고 한 일이든, 아무 생각 없이 한 일이든 너의 말과 행동으로 인하여 네가 속해 있는 조직의 사람들은 어떠한 식이라도 반드시 영향을 받는다는 사실을 기억하여라.

　너의 긍정적인 에너지를 발산하여 어두운 곳을 밝게 비추는 리더가 되어야지 너의 리더십으로 인하여 구성원들이 상처를 받고 힘들어하면 곤란하다.

　너의 마음상태가 혼란스럽고 평화롭지 못할 때 네 옆에 있는 주위 사람도 혼란스러워지고 마음이 불안해진다. 긍정적인 에너지를 발산하기 위해서는 너의 의식과 육체가 온전히 일치되어야 한다.

너만의 강렬한 에너지는 네가 너 다울 때 뿜어져 나온다. 오로지 그 에너지가 비전을 향해 동행하는 구성원들의 의식과 가치관, 태도를 바꾸고 세상을 변혁시킨다. 그러나 리더십 테크닉과 노하우만으로는 사람이 움직여지고 세상이 바뀌지 않는다.

일류 대학교에서 리더십 박사 학위를 받았더라도, 리더십에 관한 논문을 아무리 많이 썼더라도, 수많은 리더십 책을 읽었더라도, 위대한 리더를 똑같이 모방하더라도 불가능하다. 진정한 리더는 육체와 정신이 하나로 일치된 온전한 상태의 너일 때야만 될 수 있는 것이다. 입심이 좋다고, 카리스마가 넘쳐난다고, 훌륭한 리더십 교육을 받았다고 그 정도로 진정한 리더가 될 수는 없다.

영혼을 밝히는 말은 보석보다 소중하다.
— 하즈라트 이나야트 칸

67

축복과 긍정의 열매

수많은 말을 하며 산다. 아침에 눈을 떠서 잠들 때까지 정말 많은 말을 한다. 진정한 리더가 되기 위해선 누구와 무슨 말을 어떤 방식으로 하는지 잘 알 필요가 있다. 가치관이 다르고, 철학이 다르고, 의견이 다른 사람들과 어울려 살아야 하기 때문에 말은 소통하는데 가장 중요한 수단이라고 볼 수 있다.

남을 비판하는, 비난하는, 원망하는, 판단하는 말들은 듣는 사람을 방어적인 마음상태로 만들어 저항하게 한다. 진정한 리더는 같은 비전과 목적을 가진 주위 사람들에게 또한 가깝고 소중한 사람들에게 방어적인 마음상태가 얼마나 해로운지 잘 안다.

말에는 힘과 영향력이 가득차 있다. 네가 무심하게 던

진 말로 인해 상대는 크게 상처를 받을 수도 있고 네가 던진 위로의 한 마디가 죽어가는 상대를 살릴 수도 있다. 네가 던진 말의 씨앗이 언제 누구에게 어떻게 심어져 미래에 어떤 열매를 맺을지 모른다. 사람은 말에 의해 용기와 희망을 얻는다. 속담처럼 말 한마디에 천 냥 빚을 갚을 수도 있다. 전쟁터에서 장군의 호소력 있는 말 한마디 때문에 병사의 사기가 하늘을 찌를 듯 높아지기도 한다.

절망에서 희망으로, 죽음에서 삶으로, 위기에서 기회로 바꿀 수 있는 힘은 바로 말에 들어있다. 리더는 리더로서 구성원들에게 축복의 말, 그리고 긍정의 말을 해야 하는 책임과 의무가 있다. 마음에도 없는 가식적인 말속엔 그 어떤 에너지와 영향력도 없다. 진정 어린 말, 칭찬과 격려의 말, 상대를 소중하고 귀하게 여기는 말은 진정한 리더의 입에서 나온다. 그리고 그 말엔 에너지가 넘친다. 그 에너지는 조직과 주위 사람을 넘어 사회, 인류에게까지 영향을 미친다. 말은 총보다 무서운 무기가 될 수도, 약보다 더 효과적인 치료법이 될 수도, 빵보다 더 배부른 양식이 될 수도 있다는 것을 명심하여라.

68

마음껏 즐기는 멋스러움

　세상은 빨리 변화하고 돌아간다. 남들보다 더 빠르고, 더 멀리, 더 오래 달리는 것이 능력의 척도로 여겨진다. 속도를 추구하다 보면 행동뿐만 아니라 마음도 조급해진다. 산더미처럼 쌓인 일을 처리하기 위해, 최종기한을 지키기 위해 마음과 생활의 여유를 희생한다. 빠르게 운전을 하게 되면 시야가 좁아져 주위 경관을 즐길 수 없게 된다. A에서 B까지 가는 것도 중요하지만, A와 B 사이에 경관을 즐기는 것도 중요하다. 진정한 리더는 결과를 얻기 위해 수단과 방법을 안 가리며 조급해하는 그런 사람이 아니다. 결과에 도착하기까지의 프로세스를 맘껏 즐길 수 있는 멋스러운 사람이야말로 진정한 리더가 아닐까?

　속도 추구로 인해 놓치기 쉬웠던 가치들을 일깨우기 위해서 휴식은 중요하고 반드시 필요하다. 아무리 빠르고 비싼 명품 스포츠카라도 브레이크가 없으면 사고가 날 수밖에 없다. 휴식은 몸과 마음을 재충전시켜 줌으로써 일에 대한 더 큰 몰입과 열정의 토대가 되기 때문에 진정한 리더는 쉴 때 제대로 쉰다. 머릿속으로 너를 통제할 수 있는 가상적인 스위치가 있다고 상상하고 쉴 때는 과감히 그 스위치를 꺼라. 쉬지 않고 달릴 수 있는 사람은 이 세상에 아무도 없다.

멈추지 않으면
얼마나 천천히 가는지는 문제가 되지 않는다.

– 공자

용기있는 용서

사람들은 다른 사람의 말과 행동에 의하여 마음에 상처를 받고 아파한다. 같은 직장 동료, 가족, 친한 친구에게 받은 마음의 상처는 쉽게 아물지 않으며 오랫동안 남는다. 화도 나고, 억울하기도 하고, 비통하고, 쓰라림이 지속된다. 자신에게 고통을 준 사람에게 복수도 하고 싶어진다. 살면서 용서를 해야 할 사람은 반드시 생기고 용서하지 않으면 가장 힘든 사람은 바로 자신이다. 용서 없이는 마음의 평화, 미래에 대한 희망, 삶에 대한 감사, 그리고 인생에서 얻을 수 있는 소소한 기쁨을 누릴 수 없다. 신체적으로, 정서적으로, 그리고 영적으로 건강하기 위해선 용서를 해야 한다. 과거의 일 때문에 지금 네가 힘들어선 안 된다. 지나간 시간을 되돌릴

수는 없지만 지금 이 순간만큼은 네가 주인처럼 지배할
수 있다.

용서는 너를 돌보는 적극적인 행동이다. 너에게 마음
의 상처를 준 사람을 용서하는 일은 쉽지 않으며 상처
입은 상태로 삶을 살기 위해서는 초인간적인 노력이 필
요하다. 그러나 용서 없이 지나간 과거에 얽매여 산다면
그건 과거에 항복한다는 뜻이며 그로 인해 너의 마음의
평화와 고요함은 절대 지킬 수 없게 된다. 분명히 슬기
롭지 못한 행동이다. 잘못한 사람이 스스로 용서를 구
하고 잘못을 뉘우치면 좋겠지만 그렇지 않다면 네가 먼
저 용서하여라. 용서함으로써 네 삶에 더 중요한 것에
집중할 수 있고 더 나아가 너에게 상처를 준 사람을 이
해하고 동정할 수 있다.

반대로 네가 용서를 구해야 하는 입장이라면 먼저 너
의 잘못된 말과 행동에 의해 다른 사람들이 어떤 영향
을 어떻게 받았는지를 진솔하게 진단해야 한다. 그러나
너를 너무 심하게 비평하지는 마라. 너는 사람이고 사람
은 잘못을 할 수 있기 때문이다. 용서는 구하더라도 받
지 못할 수 있다. 그러나 만약 네가 정말 잘못을 했다면
너의 말과 행동으로 상처를 받은 사람에게 진정성을 가

지고 용서를 구해라. 변명 없이 말이다. 진정한 리더는 잘못을 저지른 사람을 용서하고 잘못된 자신의 말과 행동에 대해 용기 있게 용서를 구하는 자다.

가끔 우정의 척도는 피해를 주지 않는 능력이 아니라,
너의 잘못을 용서하고, 자신의 잘못에 용서를 구하는 능력이다.
– 랜디 K. 멀홀랜드

70

건강이 우선

　이 세상에 너의 건강을 희생하면서까지 해야 할 일은 단 한 가지도 없다. 직장에서 처리해야 할 일이 너무 많기에, 학교에서 공부할 게 너무 많기에 너의 건강을 챙길 시간이 없다고 불평한다면 너의 우선순위 선정에 치명적인 문제가 있는 것이다.

　이 세상에서 가장 소중하고 존귀한 너로 존재하기 위해서는 무엇보다 건강이 제일 중요하다. 이 사실은 건강할 때는 잊고 지내지만 아파서 병원에 가면 다시 절실히 깨닫게 된다. 건강이 안 좋아지고 아프면 모든 것을 잃어버린다. 진정한 리더로서 이 세상을 더 좋고 아름답게 만들 때 필요한 너의 재능과 역량까지도 말이다.

　너의 몸과 마음을 건강하게 유지해야 한다. 정성을 다

해 보살펴라. 너의 건강을 해치는 행위는 어떠한 이유와 변명으로도 설명될 수 없다. 너를 포함하여 너를 의지하고 있는 주위 사람들에게 처참한 결과를 가져다주기 때문이다. 해야 할 일이 너무 많기에, 아침에 운동하는 시간을 줄이거나 아예 없애지 마라. 건강을 유지하는 것은 기본이다. 건강하지 못하면 쉽게 피곤하고, 짜증 나고, 만사가 귀찮아지기에 깊고 고요한 생각이 불가능하게 되고, 열정적일 수도 없게 된다. 한마디로 리더로서의 역할을 다 할 수 없게 되는 것이다. 진정한 리더는 자기 자신을 잘 돌보고 보살피는 사람이다. 자신의 건강을 관리하지 못 하는 사람이 다른 이들을 돌보고 보살필리 만무하다.

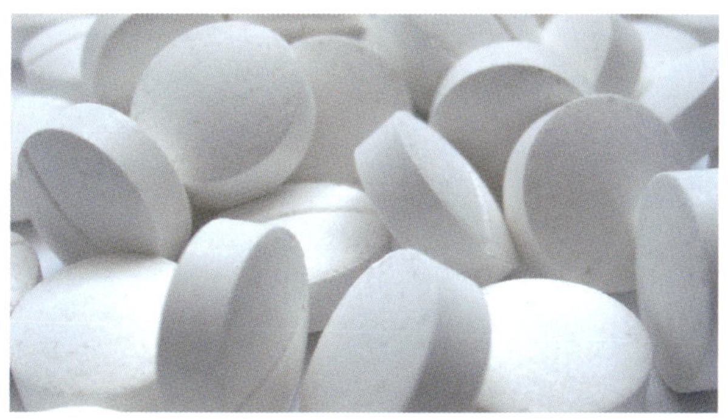

71

스트레스 관리

리더는 많은 스트레스를 받는다. 스트레스에서 100% 벗어 날 수는 없지만 효과적으로 관리는 가능하다. 먼저 스트레스를 관리하기 위해서는 스트레스가 어디에서부터 오는가를 잘 알아야 한다. 외부로부터 오는 스트레스 요소로는 결혼, 임신, 진급, 이사, 사랑하는 이의 죽음, 이혼, 소음, 갑자기 찾아온 손님, 전기료 인상, 무자비하게 많은 업무, 끝없는 스팸 문자, 긴급한 시안, 괴롭히는 상사, 새로운 만남 등 여러 가지가 있다. 외적인 스트레스 요소를 관리하기 위해 건강한 음식을 섭취하고, 운동을 하고, 충분한 잠을 자거라. 어려울 때는 주위 사람들에게 도움을 청하고, 유머를 사용하고, 시간 관리를 하면 많은 도움이 될 것이다.

　　모든 스트레스가 밖에서부터 오는 것은 아니다. 너 자신이 유발한 생각과 느낌으로도 스트레스를 받을 수 있다. 예를 들면 실패에 대한 걱정, 앞날에 대한 불확실성, 통제 불능에 대한 불안 등은 내부에서 오는 스트레스 요소이다. 그밖에 믿음, 기대치, 의견, 마음가짐도 스트레스의 요소가 된다. 내적인 스트레스 요소를 관리하기 위해 관점을 바꾸어 세상을 바라보고 해석하고, 부정적인 생각을 긍정적인 생각으로 바꾸고, 즐거운 일을 하며 휴식을 취하여라.

　　진정한 리더는 문제를 정확하게 파악한다. 문제를 정확하게 파악하여야 문제를 정확하게 풀 수 있기 때문이다. 스트레스가 어디에서부터 오는지, 스트레스의 요소가 무엇인지 파악이 되면 스트레스 관리가 무척이나 수월해진다. 스트레스를 안 받으며 살 수는 없지만 효과적으로 관리하며 살 수는 있다.

외적인 영향에 좌우되고 싶지 않다면
먼저 자기 자신의 감정부터 초월해야 한다.
– 사무엘 존스

쉽게 화내고 싶지 않다면
그런 습관을 키우지 마라.
– 에픽테토스

집중력이 죽는 에너지

　집중하기 위해서는 주의집중을 방해하는 모든 것을 치워야 한다. 먼저 TV를 끄고, 스마트폰을 내려놓고, 인터넷 창을 모두 닫아 보아라. 이 정도 가지고는 부족하다고 생각되거든 이틀만 시도해 보아라. 생각보다 많은 일을 끝마칠 수 있을 것이다. 만약 네가 아침형 인간이라면 아침에 이메일을 가지고 시간을 낭비하는 것보다 너의 100% 집중이 필요한 중요하고 시급한 프로젝트나 공부를 하는 것이 현명하다. 이메일은 오후에 에너지가 부족하여 집중력이 떨어질 때 열어봐도 무방하다.

　시시콜콜한 모든 것들을 머릿속에 저장시키려 하지 마라. 집중할 때 필요한 정신적 에너지를 점차 고갈시키기 때문이다. 시시콜콜한 것들은 메모하고 디지털 사진으로 찍어 놓아 정말 집중해야 할 때 집중할 수 있도록 준비하여라. 진정한 리더는 언제 어디서 무엇을 어떻게 하든지 강력한 집중력을 오랫동안 발휘하는 사람이다.

기술을 자기 것으로 만들기 위해서는 연습이 필요하다. 마찬가지로 집중력도 연습이 필요하다. 하루에 15분은 꼭 너만을 위해 명상하는 시간을 갖도록 하여라. 명상은 주의집중을 방해하는 것들을 잡아주고 집중력을 높이는데 큰 도움을 준다. 집중을 하면 더 많은 일을 능률적으로 처리할 수 있으며 너의 육체와 의식이 하나 되어 폭발적인 에너지가 넘쳐흐르게 된다. 물론 행복감, 성취감, 그리고 만족감도 덤으로 말이다.

집중력은 자신감과 갈망이 결합하여 생긴다.

– 아놀드 파머

언제나 현재에 집중할 수 있다면 행복할 것이다.
-파울로 코엘료

73

용서와 시도의 미덕

자신감을 상실하는 원인은 지금 가지고 있는 생각과 믿음 때문이다. 부정적이고, 부정확한 생각. 이것을 정확하고 건설적인 생각으로 바꿔라. 진정한 리더는 비관적인 생각을 버린다. 자신에게 친절하고, 용기를 가지도록 격려한다.

비관적인 생각은 비관적인 행동을 낳고 비관적인 행동은 불행한 결과를 가져온다. 자신을 용서할 줄 알아야 한다. 사람은 누구나 실수를 한다. 한 번의 실수 때문에 자신을 비관하거나 자신이 나쁘다고 생각하는 것은 리더가 아니다.

"반드시 해야만 해."

이 명령문을 생각 속에 가지지 마라. 이런 명령문이 많으면 많을수록 너를 비롯하여 네 주변 사람들은 지나친 요구사항으로 인하여 힘들어진다. 현실적인 기대와 잣대를 가지고 있는 사람이 진정한 리더다. 강박관념에 사로잡혀있는 사람은 진정한 리더가 될 수 없다.

진정한 리더는 부정적인 생각이 들 때 부정적으로 반응하지 않는다. 대신 부정적인 생각을 새롭고 건강한 시도로 대체한다. 너의 생각과 믿음이 자부심을 좌우한다. 자부심을 높이면 자신감도 높아지게 되어 있다.

74

기억에 남는 사람

지난해 아카데미 남우주연상을 누가 받았는지 기억하는가? 노벨 물리학상을 누가 받았는지 기억하는가? 전 세계에서 가장 부자가 누구인지 기억하는가? 대한민국 영화대상 수상자가 누구인지 기억하는가? 대한민국 문학상 수상자는? 대한민국 과학기술대상 수상자는? 미스유니버스에서 가장 아름다운 사람으로 뽑힌 사람은? 대한민국 국민훈장 대훈장을 받은 사람은? 하버드대학교 총장은? 대구광역시 시장은? 코카콜라 회장은? 이탈리아 총리는? 대법원장은? 육군참모총장은? 얼마나 많이 기억하고 맞출 수 있는가?

한두 명 정도는 기억하지만 대부분은 맞추기 어려울 것이다. 하지만 다음 질문에 대한 답은 어떤가?

네가 가장 좋아하는 선생님의 이름은? 인생에서 중요한 사람은? 가장 친한 친구는? 대한민국 국민훈장 대훈장을 받은 사람보다는 훨씬 수월하게 답을 내릴 수 있을 것이다.

왜일까? 그들은 너의 삶에 직접적으로 많은 영향을 미치기 때문이다. 너를 격려하고, 훨씬 멋진 네가 될 수 있도록 용기를 주기 때문이다. 리더의 업적과 지위는 사람들의 기억 속에 오래 남지 못한다. 하지만 리더에게 받은 도움과 영향은 오랫동안 가슴에 남아 기억된다. 기억에 남는 리더가 진정한 리더 아닐까?

기억하라,
당신이 도움을 원한다면 그것은 당신의 팔 끝에 있다,
나이가 들면서 당신이 다른 손도 가지고 있음을 기억하라.
첫 번째 손은 당신을 돕기 위한 것이고,
두 번째 손은 다른 사람들을 돕기 위한 것이다.
– 오드리 햅번

75

높은 곳에서
바라보는 문제

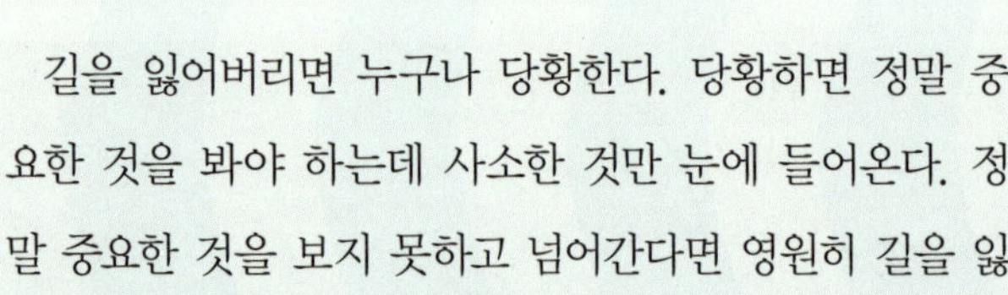

길을 잃어버리면 누구나 당황한다. 당황하면 정말 중요한 것을 봐야 하는데 사소한 것만 눈에 들어온다. 정말 중요한 것을 보지 못하고 넘어간다면 영원히 길을 잃고 헤맬 수도 있는데 말이다.

당장 앞에 있는 나무만 보고 동서남북을 가늠하는 건 위험하다. 문제가 생기고 풀어야 할 때 보다 거시적인 관점에서 문제를 조명해 볼 수 있어야 한다. 진정한 리더는 작은 그림보다는 큰 그림을 그리며 1년 후에도, 10년 후에도 지금 얽매여 있는 그 문제가 여전히 중요할지 자신에게 물어보는 사람이다.

지금 고통스럽고 심각하다고 느끼는 문제 대부분은 의외로 사소하고, 시간이 지나면 저절로 해결된다. 높이

올라가 전체의 숲을 보면 동서남북을 가늠하는 것이 훨
씬 수월해진다. 아무리 복잡하고 시끄러운 도시라도 산
정상에서 바라보면 평온하다. 당황하지 말고 높은 곳에
서 문제를 재조명하여라.

76

지평융합

가다머는 두 대화 상대자 간에
서로의 지평이 만나 하나로 융합되는 것을
'지평융합 Fusion of Horizon'이라 표현한다.

진정한 이해가 성립되기 위해서는 과거와 현재, 익숙한 것과 생소한 것, 나와 너 사이에서 융합이 시작되어야 한다. 융합이 시작되면 너는 더 이상 예전의 너가 아니다. 달라진다. 달라지지 않으면 지평이 하나로 융합되지 않았다는 증거다. 지평의 융합 없이 진정한 이해는 없다. 너 자신이 달라졌기 때문에 당연히 너의 말과 행동이 바뀐다. 융합 후의 너의 눈, 코, 입, 귀는 더 이상 예전의 눈, 코, 입, 귀가 아니다. 진정한 의미의 이해란

새로운 선글라스의 색을 통해 새롭게 세상을 해석한다
는 말이다.

　진정한 리더는 자기 자신을 대화의 장에 활짝 열어 놓
아 끊임없이 지평을 융합해 나가는 사람이다. 대화하고
이해하라. 상황을 객관적으로 관찰하고, 질문과 대화를
통해 지평을 융합해 나가고, 깊은 성찰을 통해 나온 지
혜를 변혁의 원동력으로 삼아라.

누군가는 성공하고 누군가는 실수할 수도 있다.
하지만 이런 차이에 너무 집착하지 마라.
타인과 함께, 타인을 통해서 협력할 때에야 비로소
위대한 것이 탄생한다.
– 생텍쥐페리

챔피언의 마인드 세트

로프로 둘러싸인 사각의 링.

복싱선수의 승패는 뚜껑을 열어봐야 알 수 있는 게 아니라 이미 링 위로 올라가기 전에 결정된다.

아무도 보지 않는 연습실에서 흘렸던 땀과 눈물은 마른다고 그냥 없어지는 게 아니다. 반드시 이기겠다는 인생을 건 각오, 반드시 이기지 않으면 안 된다는 절박함, 반드시 이겨야 하는 목적과 의미로 정신무장을 단단히 하고 치열하게 자기와 싸우지만 그 싸움의 과정은 외롭고 힘겹다. 포기하라는, 더 이상 힘들어하지 말라는 내면의 소리가 점점 크게 들리며 정신무장이 조금씩 해체되기도 하고 한계 앞에서 속상해하는 자신을 보며 흔들리기도 한다.

그러나 진정한 리더는 현재를 살기에, 육체와 의식을 하나로 합쳐 온전한 상태의 자신으로 지금 해야 할 일에 다시 몰입한다.

복싱경기가 끝난 후 승리의 트로피를 높이 들고 링 위에 서 있는 자기 자신의 모습을 그리며 오늘이 인생의 마지막 날인 것처럼 다시 땀과 눈물을 흘린다. 후회 없을 만큼 최선을 다해 준비를 한다.

열심히 준비하는 사람은 아름답다. 준비가 된 사람은 챔피언의 마인드 세트를 갖게 된다. 사자를 보면 사자가 왜 동물의 왕인지 쉽게 알 수 있다. 사자의 몸짓 하나하나에 챔피언의 마인드 세트가 묻어 있다. 감출 수 없는 왕의 위엄, 자부심, 여유가 드러난다.

준비된 자만이 누릴 수 있는 챔피언의 마인드 세트를 가지고 링 위에 올라간 선수에게 경기는 잘 차려진 밥을 맛있게 먹는 식사 시간이 된다. 기대되는 경기에 걱정, 근심과 두려움이 있을리 없다. 진정한 리더는 오직 준비된 경기를 맘껏 즐길 뿐이다.

오늘이 인생의 마지막 날인 것처럼.

인생을 멋지게 살아라.

모든 것을 경험하고

너 자신과 네 친구들을 돌봐 주어라.

재미있게 살아라.

가끔은 이상해져도, 정상이 아니어도 괜찮다.

밖에 나가 제대로 망쳐 보아라.

피할 수 없으면 과정 또한 즐겨라.

실패를 통해 항상 무언가를 배워라.

문제가 생긴 이유를 찾는데 관심을 집중하여

그 원인을 없애라.

완벽하지 않아도 좋다.

그냥 멋진 인간의 본보기가 되어라.

리더십 특강

초판 1쇄 2013년 10월 18일

지은이 이종호
발행인 김재홍
기획편집 이은주, 권다원, 김태수
마케팅 이연실

발행처 도서출판 지식공감
등록번호 제396-2012-000018호
주소 경기도 고양시 일산동구 견달산로 225번길 112
전화 031-901-9300
팩스 031-902-0089
홈페이지 www.bookdaum.com

가격 13,000원
ISBN 978-89-97955-89-3 03320

CIP제어번호 CIP2013016350
이 도서의 국립중앙도서관 출판시 도서목록(CIP)은 e-CIP 홈페이지
(http://www.nl.go.kr/ecip)에서 이용하실 수 있습니다.